O Sexo
Conduz o Mundo

COLETTE CHILAND

O Sexo Conduz o Mundo

TRADUÇÃO
Procopio Abreu

EDITOR
José Nazar

Companhia de Freud

TÍTULO ORIGINAL
Le sexe mène le monde

EDITORAÇÃO ELETRÔNICA
FA - Editoração Eletrônica

TRADUÇÃO
Procopio Abreu

REVISÃO
Sandra Felgueiras

EDITOR RESPONSÁVEL
José Nazar

Rio de Janeiro, 2005

FICHA CATALOGRÁFICA

C464s
Chiland, Colette.
[Le sexe mène le monde. Português]
O sexo conduz o mundo / Colette Chiland ; tradução : Procópio Abreu ; editor José Nazar. – Rio de Janeiro : Companhia de Freud, 2005.

166 p. ; 23 cm

Inclui bibliografia.
Tradução de : Le sexe mène le monde.

ISBN 85-85717-91-2

1.Sexo (Psicologia). 2. Comportamento sexual.
I. Nazar, José. II. Título.

CDD-150.1954

Companhia de Freud
editora

ENDEREÇO PARA CORRESPONDÊNCIA
Rua Barão de Sertório, 57
Tel.: (21) 2293-7166 / 2293-9440
Rio Comprido - Rio de Janeiro
e-mail: ciadefreud@ism.com.br

A Simone e Gaston

Índice

1

No centro do assunto

No ano da graça de 1998, ninguém pôde duvidar que o sexo conduz o mundo: ele invadiu os jornais, as rádios, as telas de televisão e o planeta Internet. Uma figura política de primeiro plano, Bill Clinton, presidente dos Estados Unidos, arrisca sua carreira num episódio de sua vida sexual. A fronteira entre o privado e o público desabou sob os ataques brutais de um moralismo que mal esconde os interesses políticos em jogo. As extravagâncias sexuais dos grandes deste mundo em geral só despertam o interesse das pessoas pequenas, que por um instante imaginam ser príncipes ao se identificarem com as felicidades e infelicidades dos grandes através da imprensa sensacionalista. Dessa vez, a "pequena história" se confunde com a História. O episódio histórico que menciono mostra que o apetite sexual e a vontade de seduzir fazem com que os homens percam toda prudência e toda sabedoria. Mas o que quero tratar ultrapassa esse fato e diz respeito a qualquer um em sua vida pessoal.

Escrevi "*o sexo* conduz o mundo", o que designa a um só tempo *a sexualidade*, as relações sexuais e *a identidade sexuada*, o fato de sentir pertencer a um ou outro sexo (o que os anglo-saxões chamam *o gênero*). Não está em questão apresentar uma enciclopédia sobre a questão, e sim a importância da sexualidade e da identidade sexuada na vida humana, importância tal que justifica o título desta obra.

Com exceção da cissiparidade entre os unicelulares, a clonagem e a partenogênese, que culminam, as três, na reprodução do idêntico, a vida se perpetua por uma procriação sexuada inovadora. O sexo, a vida e a morte estão, portanto, ligados. Certos seres perecem durante o acasalamento e parecem só ter vivido, através do crescimento, das metamorfoses de ovo em larva ou casulo, depois em inseto ou borboleta, para se reproduzir num ato único e morrer. Outros se reproduzem ao longo da vida, mas apenas em certos períodos.

Os seres humanos estão livres do estro e podem ter relações sexuais fora do período de cio ligado à ovulação, mas existe um "relógio biológico", e a fêmea humana conhece uma menopausa, um termo em suas capacidades reprodutoras. Se os seres humanos podem se unir a qualquer momento e apenas para o prazer, as complicações de sua vida psíquica fizeram com que inventassem vínculos ideológicos entre sexualidade e procriação. Livres no seu corpo, são prisioneiros de suas representações individuais e coletivas, de suas fantasias pessoais e de seus mitos culturais. A sexualidade humana sempre é uma *psicossexualidade*, o que faz sua riqueza e suas vicissitudes.

Como nossa cultura desenvolveu o sentimento da individualidade a um ponto desconhecido nas outras culturas, o indivíduo reclama o direito de satisfazer seu prazer, eventualmente a qualquer preço. A sexualidade vê-se dissociada da procriação de múltiplas maneiras; no entanto, ela se choca com interditos, porque o ser humano é um ζώονπολικόν (*zoon politicon*), um animal social, um animal civilizado, o ser humano deve sacrificar algo de sua sexualidade "selvagem" ("a vida sexual dos selvagens" não é a sexualidade selvagem).

Escrevi este livro a partir de minha experiência de psicanálise, de minha meditação sobre as obras de Freud e de leituras em domínios diversos. Freud é evidentemente um dos que mais chamaram a atenção para a importância da sexualidade, de tal maneira que o acusaram – erradamente – de pansexualismo, embora muitos psicanalistas tenham após ele esquecido a importância da sexualidade[1]. Também se pôde dizer que os psicanalistas tinham escrito pouco sobre o amor[2].

---

[1] *Cf.* o que disso diz André Green, *Les Chaînes d'Éros*, Paris, Odile Jacob, 1997. O que corrigem várias obras recentes, dentre as quais a dele e a de Joyce McDougall, *Éros aux mille et un visages*, Paris, Gallimard, 1996.

[2] Mas leremos com proveito Ethel Spector Person, *Love and Fateful Encounters*, New York, Norton & Company, Londres, Bloomsdury, 1989; e Otto F. Kernberg, *Love Relations: Normality and Pathology*, New Haven, Yale University Press, 1995.

Há quem procure minimizar, até mesmo esquecer que o ser humano é um animal. É verdade que o ser humano é um animal particular, mas um animal de qualquer modo; o mais dotado dos animais quanto à representação mental, à comunicação da linguagem, à fabricação das ferramentas, ao esforço de pensar o mundo em sua globalidade, sua origem, seu sentido, sua finalidade, e à invenção dos mundos interiores. O homem também é o mais torturado dos animais, um "animal desnaturado", como diz Vercors, que perdeu a capacidade de viver o imediatismo da satisfação e só encontrou a possibilidade de viver o instante de sua plenitude ao preço de uma ascese e de uma busca espirituais.

Embora seja uma psicossexualidade, a sexualidade humana nem por isso deixa de estar enraizada na realidade biológica, pensamento sempre presente em Freud e, ao contrário de Jean Laplanche[3], não creio num "desvio biologizante da sexualidade" em Freud. Trabalhando após outros sobre a identidade sexuada[4], que Freud não estudou como tal (ele cuidou apenas da sexualidade), fui levada a medir a que ponto o fundamento de todas as diferenças entre os sexos era, em última instância, *a diferença sexual*, isto é, tudo o que, resultando da diferença entre os órgãos genitais, vai comandar as relações entre os sexos: a experiência do corpo próprio, o ciclo sexual, a posição no coito e o papel na procriação. Toda sociedade dá da diferença sexual uma interpretação imperiosa para o indivíduo e define o feminino e o masculino de maneira tal que é preciso um trabalho considerável para conseguir extrair o que não pode ser apagado ou negado na diferença sexual.

A descoberta da criança de que existe um outro ser humano, que é um ser humano como ela e que no entanto é diferente dela, constitui um traumatismo, que é figurado, entre outras coisas, como angústia de castração e inveja do pênis. Para suportar esse traumatismo, o ser humano experimenta a necessidade de se apoiar no grupo de seus pares, sendo a desvalorização do outro necessária à exaltação de seu próprio valor. Mas a desvalorização da mulher pelo homem prevaleceu sobre a do homem pela mulher, senão sem-

---

3 Jean Laplanche, *Le Fourvoiement biologisant de la sexualité chez Freud*, Paris, Synthélabo, Les empêcheurs de penser en rond, 1993.

4 Colette Chiland, *Changer de sexe*, Paris, Odile Jacob, 1997.

pre (o que se sabe das origens?), pelo menos por toda parte na realidade que conhecemos, o que Françoise Héritier[5] chama "valência diferencial dos sexos": a diferença sempre foi interpretada como desigualdade às custas da mulher e culminou num rebaixamento, numa colocação sob tutela, até mesmo em maus-tratos às mulheres. Podemos, devemos nos perguntar – e no entanto raramente o fazemos – por que as mulheres durante tanto tempo aceitaram sofrer esse destino de inferiorização, por que o feminismo, essa "grande revolução" segundo a expressão de Léon Abensour[6], data apenas de ontem. Se as feministas não levantam essa questão em todo o seu tamanho, é porque repugnam encarar que as mulheres tenham podido interiorizar sua desvalorização; não são apenas os homens que devem ser convencidos do absurdo da desvalorização das mulheres, são as próprias mulheres.

É verdade que as diferenças foram com freqüência estudadas a partir do homem, *vir*, o ser humano masculino como paradigma. No caso dos órgãos genitais, os da mulher durante muito tempo foram concebidos apenas como os do homem invertidos como dedos de luva[7]. No caso da sexualidade, é para a sexualidade do homem que o interesse está voltado; proscreve-se a homossexualidade, é com a homossexualidade do homem que se preocupam. O próprio Freud se contenta em estudar o que acontece no menino e no homem e disso deduz *mutatis mutandis* o que se passa na menina e na mulher.

Às vezes acaba-se então negando toda diferença entre homens e mulheres, como se "diferença" fosse inevitavelmente sinônimo de "desigualdade". As diferenças se situam no nível dos fatos, a igualdade ou a desigualdade, no nível do direito. A luta pela igualdade dos direitos das mulheres é legítima e pode ser levada a cabo sem cair no absurdo de negar toda diferença entre os sexos, e sem se censurar por preocupação com o politicamente ou o sexualmente correto.

---

5 Françoise Héritier, *Masculin/Féminin. La Pensée de la différence*, Paris, Odile Jacob, 1996.

6 Léon Abensour (1921), *Histoire générale du féminisme. Des origines à nos jours*, Paris-Genève, Slatkine Reprints, 1979.

7 *Cf.* Thomas Laqueur (1990), *La Fabrique du sexe, Essai sur le corps et le genre en Occident*, trad. do inglês por Michel Gautier, Paris, Gallimard, 1992.

Se os sexos se enfrentam, eles também se buscam, na dupla corrente da sexualidade, a corrente terna e a corrente sensual. A falta de rigor na tradução (traduziu-se *zärtlich* por palavras variáveis em francês como em inglês, embora *terno* se impusesse em todos os casos) ocultou a importância dada por Freud a essas duas correntes da sexualidade.

A excitação erótica tem, em cada um, exigências próprias, os "mapas do terno", difíceis, às vezes impossíveis de serem traçados em sua origem. Pode ela sempre ser expulsa completamente na sublimação? Ela cimenta e divide a um só tempo o casal, talvez por causa de seu componente de hostilidade, se seguirmos Robert Stoller neste ponto[8]. A capacidade de intimidade supõe que seja superado o medo da interpenetração não só dos corpos, mas das almas.

A excitação erótica se volta ora para o outro sexo, ora para o mesmo sexo. Por que essa atração às vezes exclusiva ou essa aversão em geral insuperável por um dos dois sexos? A homossexualidade não é fácil de ser explicada, mas a heterossexualidade é evidente, como se gostaria de crer?

A exaltação do prazer do indivíduo e a desvalorização do outro sexo levam a errâncias do sexo na perversão, na prostituição, na pornografia. A que necessidades do ser humano elas atendem? São formas eróticas do ódio ou formas odiosas do amor?

A busca erótica não acontece sem um desejo de dominar o outro, o amor não acontece sem o ódio. A ambivalência pode ser neutralizada, superada? O amor pelo outro não acontece sem o amor de si, o amor de si (o narcisismo são e feliz) só pode nascer do amor pelo outro.

O amor é *Eros, Philia* e *Ágape*, três palavras gregas que nossos contemporâneos de bom grado retomam para dizer a busca erótica, a amizade e esse amor em que o eu [*moi*] se esquece, de que fala São Paulo no capítulo 13 da primeira epístola aos coríntios. Sem Ágape, onde Eros e Narciso se apagam, é possível falar de sexualidade, mas é possível falar de amor?

---

8 Robert J. Stoller (1979), *L'Excitation sexuelle: dynamique de la vie érotique*, trad. do inglês por Hélène Couturier, Paris, Payot, 1984.

2

Freud e a importância da sexualidade

A rainha Vitória, cujo nome está associado a uma era de pudor[1], ainda reinava quando Freud começou, no século XIX que acabava, a receber pacientes e a escutá-los. Ela acabava de morrer (em 1901) quando Freud publicou, em 1905, seus *Três ensaios sobre a teoria sexual*, que marcam uma virada em suas idéias sobre a sexualidade.

Freud sonha fazer uma carreira de pesquisador em neurofisiologia. As circunstâncias vienenses lhe recusam essa possibilidade. Clínico, ele escuta seus pacientes com uma qualidade de atenção bem particular. De 1890 a 1900, ele publica textos clínicos que mostram o avanço de sua reflexão. Os pacientes neuróticos que ele atende sofrem de um *conflito psíquico*, e Freud progressivamente se convence de que a sexualidade sempre é um dos termos do conflito, que se trate da *sexualidade atual* ou da *sexualidade da infância*. Ao publicar sua grande obra, *Die Traumdeutung*, *A interpretação dos sonhos*, em 1899-1900, ele ainda acredita que só os neuróticos têm uma vida sexual infantil qualificada de precoce. Em 1905, nos *Três ensaios sobre a teoria sexual*, ele afirma a universalidade da sexualidade infantil (a sexualidade não espera a puberdade para se manifestar, as crianças têm desde o nascimento uma vida sexual, que tem caracteres particulares), e estabelece vínculos entre a sexualidade infantil e a sexualidade perversa (a criança não tem uma vida

[1] Embora Michel Foucault, em sua *História da sexualidade* que sua morte deixou inacabada, ponha em dúvida a hipótese de uma repressão do sexo e do discurso sobre a sexualidade nos três séculos precedentes.

sexual genital, não pratica o coito; ela tem satisfações ligadas a outras zonas que proporcionam prazer, a boca, o ânus, que, no adulto, entrarão no contexto dos prazeres preliminares à união das partes genitais, ou então, caso ocupem de maneira rígida e exclusiva a frente da cena, serão ditas perversas).

A sexualidade é sempre conflituosa

Freud proclama a importância da sexualidade e amplia sua definição. Ele a vê presente em qualquer idade, desde o chupar do lactente. Não é preciso mais que isso para que o acusem de *pansexualismo*. No entanto, Freud nunca sustentou que só existia o instinto sexual. Ele apenas afirmou que a sexualidade é um dos pólos do conflito que se resolve em saúde psíquica ou perdura na doença mental; ela é, portanto, um dos componentes da vida psíquica, da personalidade e da patologia mental. Ele variou quanto ao *outro pólo do conflito*.

Esse conflito, do qual todo sujeito humano sofre, Freud primeiro o situou em grande parte entre o mundo interior do sujeito e o mundo exterior. Ele via a existência de um conflito interno entre o instinto sexual e os instintos do eu [*moi*] ou de autoconservação; mas esse conflito interno acabava num conflito externo, pois o instinto sexual, a libido, punha o indivíduo em conflito com a moral do grupo, a moral civilizada; os instintos do eu [*moi*] conduziam o indivíduo a se submeter às regras sociais. Um artigo de 1908, "A moral civilizada e a doença nervosa dos tempos modernos", desenvolve esse ponto de vista. Esse artigo alimentou o pensamento de Wilhelm Reich e o conduziu a pensar que os indivíduos, em sua vida sexual, sofriam repressão social.

Mas, para Freud, o conflito em seguida se tornou um conflito essencialmente interno e, portanto, inevitável. Ele descobre que a libido, o amor, não está exclusivamente dirigido para uma pessoa exterior; existe, de maneira normal, um amor de si. Há um conflito entre o amor narcísico, em que o sujeito se toma como objeto de amor, e o amor objetal, em que o sujeito toma um outro que ele por objeto de amor.

Na última etapa de seu pensamento, o conflito interno é ainda mais profundo. Ele se situa entre *Eros*, instinto sexual que empurra para se unir ao outro, instinto de vida, e *Tânatos*, força negativa, destruidora, instinto de morte. O caráter mítico desta última formulação foi criticado. Entretanto, ela nos faz passar da simples clínica a uma reflexão sobre a condição humana e faz com que Freud não seja um sexólogo, mas um pensador.

A libido

Freud parte da biologia e situa o ser humano entre os animais. O que se quis designar nele como um "desvio biologizante[2]" nos parece, ao contrário, essencial a seu pensamento. O ser humano é um animal, um animal particular, complicado, mas um animal. É verdade que o homem fala, possui uma linguagem articulada incomparável às formas de comunicação animal; mas nem por isso deixa de ser um animal. O ser humano nasce, sofre e morre. Nada é vivido na psique que não tenha um enraizamento no corpo. Freud esforçou-se em pensar o psiquismo e a cultura sem nenhum recurso a uma transcendência, chegando a desconhecer que a cultura se transmitia por *herança social* e não por *hereditariedade biológica*.

Como todo animal, o ser humano é movido, "empurrado" por forças impessoais. Freud as chama *Triebe*, instintos[3]; é o termo, diz ele, que a biologia utiliza para dar conta das necessidades, *Bedürfnissse*. Uma escola francesa de tradução de Freud quis inventar uma palavra nova, *pulsão*, para traduzir *Trieb*, embora séculos de tradição literária e filosófica tenham traduzido *Trieb* por *instinto*. Porque a concepção que Freud tinha do instinto era nova, essa escola quis uma palavra nova; no entanto, Freud não tinha, em alemão, forjado um neologismo, ele havia utilizado um termo dos mais correntes da língua alemã. Ao mesmo tempo, afirmou-se que Freud distinguia as pulsões sexuais das necessidades fisiológicas. Se a considerarmos imperativamente útil, podemos introduzir essa distinção, mas não podemos dizer que ela seja

---

2 Jean Laplanche, *Le Fourvoiement biologisant de la sexualité chez Freud*, Paris, Synthélabo, Les empêcheurs de penser en rond, 1993.

3 O verbo alemão *treiben*, de onde vem *Trieb*, quer dizer "ser incitado" no sentido intransitivo, "incitar" no sentido transitivo. O verbo latino *instigere* ou *instiguere*, de onde vem "instinto", significa "incitar", "excitar".

obra de Freud. De maneira incontestável, os *Três ensaios sobre a teoria sexual* se abrem com a proposta da palavra *libido* para designar as necessidades sexuais, o instinto sexual, em simetria com a palavra *fome*, que designa as necessidades alimentares, o instinto alimentar. É afirmada uma oposição entre a libido e a fome, palavra que designa, em resumo, o conjunto dos instintos fisiológicos que velam pela autoconservação, ou entre o amor e a fome, como Freud vai dizer em outra parte, em referência aos poetas.

Os instintos exercem seu impulso de maneira contínua e são uma força conservadora. O instinto sexual é colocado do lado da conservação da espécie. Ele leva à cópula e, portanto, à possibilidade da procriação, ainda que o indivíduo nele busque um prazer pessoal. Para chegar ao coito, animais põem em jogo a vida. A conservação do indivíduo tem a ver com o que Freud vai chamar, um pouco mais tarde, com um termo mais geral que a fome, instinto de autoconservação ou instinto do eu [*moi*]; faz dele um instinto egoísta.

A libido, por exercer constantemente o seu impulso, é uma força ativa. Freud estabelece uma equação entre atividade e masculinidade e afirma que a libido é de essência viril.

O objeto que vai permitir obter a satisfação sexual não é dado com o instinto. O instinto incita a buscar o objeto e a criança o encontra em sua mãe, ou na pessoa que dá os cuidados. O lactente no seio da mãe vive uma experiência em que são satisfeitos a um só tempo o instinto alimentar e o instinto sexual. A satisfação que o vemos experimentar é, para Freud, o protótipo da experiência amorosa ulterior. O lactente é nutrido, é segurado pela mãe contra o seio, é acariciado, beijado, acalentado; toda essa *ternura* desempenha um papel importante ao lado do despertar da *sensualidade* por todos os cuidados corporais, desde a mamada no seio até a excitação das partes genitais durante a higiene.

As duas correntes da sexualidade: sensualidade e ternura

Um texto de Freud, em 1912, "Segunda contribuição para a psicologia da vida amorosa. Sobre o mais geral dos rebaixamentos da vida amorosa", distingue duas correntes na sexualidade, a corrente *terna* e a corrente *sensual*, distinção que aparece, menos desenvolvida, em outros textos. A referência à *ternura* está presente sob a pluma de Freud de uma ponta à outra de sua obra, desde 1888 até 1938, o que o leitor francês ou inglês não pode perceber. Com efeito, a palavra alemã *zärtlich* foi traduzida de maneiras diversas, da mesma forma que todos os seus derivados e compostos; no lugar da tradução *terno*, que é correta, foram colocadas aproximações[4]: afetuoso, sentimental, adorado, apaixonado. Da mesma forma em inglês, no lugar de *tender* foram colocados: *affectionate, loved, greatly loved, warmly loved, fond, devoted.* Às quatrocentas e dezoito ocorrências de *zärtlich* e de todos os seus derivados e compostos na edição em alemão (*Gesammelte Werke*) correspondem na edição em inglês (*Standard Edition*)[5] somente cento e quarenta ocorrências de *tender* e derivados e compostos de *tender*; a freqüência do termo está, pois, reduzida a um terço de seu emprego. Vemos o papel que podem desempenhar, para velar o pensamento de um autor, traduções de uma exigência insuficiente de rigor.

A segunda "Contribuição à psicologia da vida amorosa" diz respeito a uma forma de impotência viril que só aparece com certas mulheres e não com outras. Ela resulta, nos diz Freud, do fato de que as duas correntes da sexualidade, a corrente terna e a corrente sensual, não se encontraram. A corrente terna é a mais antiga, ternura da criança por seus pais e pelas pessoas que lhe dão cuidados, e ternura destes pela criança. Essa ternura não é isenta de erotismo. Mas o erotismo se desvia de seus objetivos sexuais na infância. Quando sobrevém a puberdade, à corrente terna se acrescenta a "poderosa corrente sensual", que não desconhece mais os objetivos sexuais. Chocando-se com a barreira do incesto (os pais, primeiros objetos de amor da criança, são proibidos como objetos de relações sexuais), a corrente sensual volta-se para outros objetos que os objetos infantis, e ternura e sensualidade são então reunidas. Se um homem permanecer fixado em seus objetos incestuosos, ele só pode experimentar ternura e não desejo pelas pessoas que lembram a ele esses objetos. A sensualidade só pode se manifestar em relação a pessoas *re-*

4 Não é mais o caso nas traduções francesas recentes efetuadas a partir dos anos 60, em que exigências de rigor se impuseram.

5 Essa edição foi publicada entre 1953 e 1964, à exceção do volume de índice, que sai em 1974.

baixadas. Em outros termos, um tal homem é poderoso com prostitutas e impotente com mulheres que ele estima como estimou a mãe e as irmãs. Acontece o mesmo, *mutatis mutandis*, com a frigidez na mulher; o romance de Joseph Kessel, *Bela da tarde*, que Luís Buñuel levou às telas, é uma ilustração desse tipo de frigidez ligada à dissociação da ternura e da sensualidade.

A experiência clínica confirma o que Freud escreveu e encontramos pacientes de acordo em todos os pontos com o que Freud descreveu em seu texto curto, mas muito importante. Além disso, quando observamos as relações de uma criança pequena com a mãe, vemos surgir condutas diretamente sensuais e eróticas, excessivas em intensidade e freqüência quando a ternura materna vem a faltar. A criança precisa de uma porção importante de ternura. Se não a recebe, busca satisfações eróticas excessivas: masturbação pública, intensa e freqüente; auto-erotismos diversos; condutas eróticas em relação à mãe (por exemplo, roçar-se de maneira quase extática, orgástica, nos cabelos da mãe). Vemos crianças muito jovens desenvolverem condutas fetichistas.

Essa corrente terna é próxima daquilo que, com John Bowlby[6], foi chamado o *apego*. Aliás, o adjetivo ou o advérbio *zärtlich* (terno, ternamente) costuma acompanhar sob a pluma de Freud palavras que marcam o apego, o vínculo, a dependência: *Bindung* (vínculo), *Abhängikeit* (dependência). Assim, Freud falou do apego associando-o à ternura, mas ao mesmo tempo insistiu na *ambivalência* de todo apego, em que a Eros sempre se mistura Tânatos, à ternura, a hostilidade, ao amor, o ódio, o que não fizeram os teóricos do apego; o equilíbrio entre esses dois movimentos sempre é frágil, sempre está para ser conquistado.

Narciso

A partir de 1910, Freud acaba por reconhecer que a libido não está dirigida apenas para o objeto exterior, mas também para o eu [*moi*], a pessoa própria; a língua comum fala de amor de si, de amor próprio, de egoísmo.

---

[6] John Bowlby (1969-1980), *Attachement et perte*, trad. franc., Paris, PUF, 3 volumes, 1978-1984.

Em "Para introduzir o narcisismo", em 1914, ele parte de uma reflexão sobre a homossexualidade (o homossexual precisa de que o parceiro sexual seja à sua imagem, diz ele), sobre as dificuldades do trabalho psicanalítico nos neuróticos (eles mantêm sua relação erótica com os objetos, mas na fantasia) e sobre a esquizofrenia (o esquizofrênico retiraria sua libido das pessoas e das coisas do mundo exterior) para interessar-se pela idéia de um "narcisismo primário normal". Ele é portanto levado a falar de libido do eu [*moi*], de um investimento libidinal de si mesmo desde a origem da vida, e de libido de objeto, voltada para o outro. Ressaltemos que *o objeto*, no sentido psicanalítico do termo, é a um só tempo a pessoa exterior e uma realidade interna, o encontro entre um modelo interno e uma pessoa externa, uma espécie de sinapse.

O termo *narcisismo* refere-se à história de Narciso. "Narciso era um belo rapaz que desprezava o amor[7]". Um certo número de psicanalistas opõem pulsões e narcisismo. No entanto, Freud leva em consideração um investimento libidinal do objeto e um investimento libidinal do eu [*moi*], o amor de si e o amor do outro.

Se a libido está por inteira dirigida para o eu [*moi*], a decorrência pode ser a morte. "Narciso se debruça sobre uma fonte a fim de saciar a sede. Nela avista seu rosto, tão belo que por ele fica imediatamente apaixonado. Doravante insensível ao mundo exterior, ele se debruça sobre sua imagem e se deixa morrer[8]".

A reflexão sobre o narcisismo vai prosseguir após Freud. O narcisismo primário não está presente simplesmente porque o bebê nasceu. Há, decerto, uma força vital nele, que o incita a querer viver, a buscar o seio, a afastar a dor. Mas essa força pode ser contrariada ou aniquilada se ele não receber cuidados apropriados. O bebê só pode se investir libidinalmente se experimentar bem-estar, e esse bem-estar deve lhe ser proporcionado por aqueles que cuidam dele, os pais em primeiro lugar. Se o bebê não for amado, ele não pode amar a si mesmo, viver o sentimento de sua continuidade e de sua

---

[7] Pierre Grimal (1951), *Dictionnaire de la mythologie grecque et romaine*, Paris, PUF, 4ᵉ ed. 1969, verbete "Narcisse".

[8] *Ibid.*

unidade, ter estima por si mesmo mais tarde. E esse amor de si não é puramente egoísta, ele é a condição da possibilidade do amor pelo outro. *Para amar, é preciso ter sido amado.*

Eros

Uma dezena de anos transcorrem. A Primeira Guerra Mundial aconteceu. Freud reflete sobre a vida e a morte, sobre a guerra e sobre as neuroses traumáticas de guerra. Como sempre, a clínica e a escuta dos pacientes estão na origem da introdução de novos conceitos para dar conta dos fatos observados.

Os seres humanos tinham até ali parecido funcionar para ele segundo dois princípios: o princípio de prazer, isto é, de evitação do sofrimento, e o princípio de realidade, de ajustamento à realidade exterior. Mas Freud vê pacientes reproduzirem as experiências dolorosas; em vez de buscar a qualquer preço evitá-las, eles as reproduzem para tentar dominá-las. Freud é levado a pensar a vida psíquica como um combate entre forças de ligação, que unificam, criam vínculos e unidades cada vez maiores, e forças de desligação, que separam e destroem. A essas forças ele dá um nome mítico, *Eros* e *Tânatos*, porque as considera forças de vida e forças de morte.

"Eros é o deus do amor. [...] Eros permanecerá sempre [...] uma força fundamental do mundo. É ele quem assegura não só a continuidade das espécies, mas a coesão interna do cosmos. [...] Mas, longe de ser um deus todo-poderoso, é uma força perpetuamente insatisfeita e inquieta. É este o Eros da mitologia grega[9] ".

Tânatos é a morte. O fato de haver um instinto de morte não é admitido por todos os psicanalistas. A vida pode ser definida como "o conjunto das funções que resistem à morte" (Bichat), ela só tende a se manter e se perpetuar. A morte é decerto o termo da vida; fazer da morte o objetivo da vida é mudar de registro. Numa especulação "metabiológica", Freud define Tânatos como um instinto que tende à conservação do estado inicial inanimado e ao retorno à matéria. "O não-vivo estava presente antes do vivo".

---

9 Pierre Grimal (1951), *Dictionnaire de la mythologie grecque et romaine*, Paris, PUF, 4e ed. 1969, verbete "Éros".

Eros e Tânatos estão em luta. A ambivalência é a regra e não a exceção. Nesse estádio último de seu pensamento, Freud nos deixa com dois pólos de investimento e duas modalidades de investimento: todas as forças instintuais estão voltadas para o sujeito ou dirigidas para o exterior (o eu [*moi*] e o objeto constituem os dois pólos de investimento); esses dois pólos são investidos de acordo com duas modalidades, positiva, libidinal (Eros) ou negativa, destruidora (Tânatos). Freud não retoma seu conceito anterior de narcisismo à luz dessas idéias novas. Se o fizermos, somos levados a falar de um narcisismo feliz, são (investimento libidinal do eu [*moi*]), e de um narcisismo mortífero, patológico (investimento destruidor do eu [*moi*]). A entrada em figuras patológicas, tais como a depressão e a psicose, vai junto com a possibilidade de se estimar, de se amar. As defesas narcísicas por um eu [*moi*] grandioso traem a falha do investimento narcísico feliz.

Da sexualidade infantil à sexualidade perversa

A afirmação por Freud de que todas as crianças têm uma vida sexual suscitou um clamor. O quê, esse ser inocente e puro participa da impureza e da luxúria? Entretanto, Freud não descobriu a existência da sexualidade infantil[10]. O que Freud fez foi atribuir a esta um papel no desenvolvimento da personalidade, da saúde e da doença psíquica. De maneira mais geral, ele pensa que a infância deixa em nós rastros tais que influenciam nossa vida adulta: ele fala de *infantilismo*, e é para ele um conceito importante, uma das pedras angulares da teoria psicanalítica. As relações com os primeiros objetos de amor, os pais, preparam o modelo interno ao qual os objetos externos deverão responder: encontrar um objeto de amor é de certa maneira reencontrar esse modelo interno.

Freud escandalizou. No entanto, longe de "incitar ao crime", de convidar a uma cópula desenfreada e à promiscuidade, ele só lentamente progride para o que se poderia chamar uma liberação dos costumes. Assim, em vez de considerar a masturbação como lícita, ele escreveu, em 1909, que a mãe

---

10 Ver o *Diário* mantido por Héroard, o médico do rei, relatando a infância de Luís XIII.

do pequeno Hans, ao reprimir a masturbação do filho, cumpria o papel que lhe era prescrito pelo destino. Hoje, entretanto, reivindicamos Freud quando consideramos que a masturbação faz parte da vida normal da criança e não deve ser estigmatizada. Só nos inquietamos se a criança se masturba de maneira compulsiva e pública... ou se os pais têm uma curiosidade grande demais pela masturbação dos filhos.

A sexualidade infantil tem para Freud várias características. Ela é auto-erótica, põe em ação outras zonas erógenas que a zona genital e se escora nas necessidades fisiológicas. Enquanto a criança mama o seio da mãe, ela tem um acesso erótico ao seio que ao mesmo tempo a nutre. Com o desmame, o seio erótico estará perdido para ela. E Freud pensa, em 1905, que as satisfações eróticas só lhe virão então de seu próprio corpo, e não do contato com o corpo de um outro. Um pouco mais tarde, ele reconhecerá que o que se passa no estádio anal, durante a aquisição do domínio dos esfíncteres, implica a relação com um objeto de amor. O advento da genitalidade marca uma primazia da zona genital sobre as outras zonas erógenas orais e anais e, ao mesmo tempo, uma primazia da relação com o objeto. O que se esboça no momento da plena eflorescência do complexo de Édipo, essa idade da vida em que o menino pequeno de quatro ou cinco anos declara à mãe que vai se casar com ela, vai se reativar na puberdade, quando relações sexuais completas e eventualmente fecundantes se tornam possíveis.

O papel de zonas erógenas, fontes de excitação e de prazer, outras que os órgãos genitais não desaparece na idade adulta. Mas trata-se aí de preparação ao cumprimento do ato sexual (o beijo, as carícias), o que Freud chama prazeres preliminares. O mesmo ocorre com o papel de outras pulsões parciais, a satisfação ligada ao fato de ver ou de ser visto, de sofrer ou de fazer sofrer (masoquismo ou sadismo). Mas, se o prazer sexual estiver centrado nessas modalidades de satisfação infantil, se exigir práticas rígidas ligadas a essas zonas erógenas e a essas pulsões parciais, só levando em conta a satisfação pessoal, em vez de culminar nas satisfações genitais e na tomada em consideração do prazer do outro, Freud considera que se trata de *perversão sexual.* Sua audácia é não rejeitar a perversão sexual como bestial, imoral, estranha ao humano, mas compreendê-la numa perspectiva de desenvolvimento como uma fixação ou uma regressão à sexualidade infantil. O que entra em choque com os diques (pudor, repulsa, condenação) que a educação construiu em nós não é proibido por Freud e pode fazer parte da vida erótica se não for a condição *sine qua non* de obtenção do orgasmo.

A sexualidade infantil e a sexualidade perversa estão desconectadas da finalidade biológica da procriação. Freud as integra na sexualidade humana e, no entanto, se desliga com dificuldade da procriação como objetivo final da sexualidade[11]. Já nos anos 1890, ele havia falado das "neuroses atuais" (neurastenia, neurose de angústia, hipocondria) e as havia ligado a perturbações da sexualidade atual do paciente (*coitus interruptus*, masturbação, abstinência, etc). Os pacientes que sofrem do que ele chama neuropsicoses de transferência (histérica, fóbica, obsessiva) falavam da infância e eles mesmos ligavam suas dificuldades adultas às experiências infantis. A característica do neurótico em relação ao perverso é que ele se proíbe o que o perverso se permite, "a neurose é o negativo da perversão". Entramos nesse mundo complicado da sexualidade humana, que sempre é *psicossexualidade*, jogo de fantasias e de interditos.

Nenhum instinto no ser humano conduz a uma satisfação direta, nem a fome, nem o amor. Não é uma característica apenas da vida sexual. Um humano come ou não come tal ou tal alimento em função das prescrições de sua cultura (e pode até morrer por ter violado um tabu) e de seus gostos, idéias e fantasias pessoais. No âmbito da sexualidade, ele está desprovido até não saber como fazer amor, pôr no mundo e alimentar os filhos. O que ele faz, ele o faz por referência a modelos, ou porque os segue, ou porque assume violá-los, com temor e tremor. O mundo das representações não tem no homem, em sua extensão e variedade, nenhuma comum medida com as capacidades do animal. Como diz Maurice Godelier, o ser humano "funciona na representação".

Certas fantasias são ditas originárias uma vez que são partilhadas por todos e tratam da origem: vida intra-uterina, cena primária (o que é fantasiado, senão observado, do coito entre os pais), castração, sedução. A curiosidade das crianças em relação à vida sexual está para Freud na origem da curiosidade intelectual. Não se deve, pois, desencorajá-la, mas a ela responder honestamente.

---

[11] Ver a vigésima conferência de *L'Introduction à la psychanalyse* (1917).

As fantasias ora abrem a via, ora barram a via às realizações sexuais. Daí por que a psicanálise não é a aplicação de receitas técnicas aos distúrbios da sexualidade, mas cria condições que permitem a exploração e o desdobramento da vida fantasmática.

Os interditos são tanto neuróticos, tanto estruturantes. O neurótico se proíbe o que nada em sua cultura e nada na realidade lhe proíbe. Outros transcendem interditos estruturantes, tal o respeito da diferença dos sexos e das gerações.

Sexualidade, amor e sublimação

Para além de Freud, poderíamos ser tentados a pensar que eros é o amor. Mas é apenas uma das facetas, um dos ingredientes do amor. A busca erótica do outro implica a ternura ao lado da sensualidade. O amor não se reduz à sensualidade e tampouco pode eliminá-la totalmente. Deve ser encontrado um equilíbrio sutil entre a sensualidade e a ternura, entre o amor de si e o amor do outro, entre o amor e o ódio. Na linguagem moderna, fala-se de bom grado de Eros, no qual a sensualidade propriamente sexual desempenha um papel preponderante, de Philia, a amizade, ternura numa posição de reciprocidade, e de Ágape, o amor desinteressado, que não persegue nem um objetivo sensual, nem um objetivo egoísta, amor por Deus, amor pelo próximo.

Freud não convidou para a cópula sem freio e sem limite como remédio soberano para os nossos males. "Cópula, revolução!", gritam os personagens de *Marat-Sade*, peça encenada por Peter Brook dias após Maio de 1968. A supressão da repressão social não é a supressão do recalque neurótico. Freud dava amplo espaço à *sublimação*, isto é, à derivação da energia sexual para objetivos não sexuais. O indivíduo tira ricas e legítimas satisfações da atividade cultural, artística e intelectual, ações para com outros. Ele chega até a escrever que a ascese sexual do anacoreta não é forçosamente "uma maneira patogênica de colocar a libido[12]".

Permanece aberta a questão de saber até que ponto é possível ficar sem

[12] Sigmund Freud (1914), "Pour introduire le narcissisme", in *La Vie sexuelle*, Paris, PUF, 1969, p. 88.

satisfações sexuais diretas. Freud a isso responde em parte pelo apólogo do cavalo de Schilda. Os habitantes da cidade de Schilda, herói de um romance popular alemão do século XVI, são reputados como pretensiosos e bobos. Freud, na quinta aula sobre a psicanálise dada na Clark University de Worcester em 1909, para dizer que não se pode tudo sublimar, conta que os habitantes da cidade de Schilda tinham um cavalo de que eram muito orgulhosos, mas que lhes custava muito caro. Eles decidiram reduzir dia a dia a sua ração de aveia. No dia em que suprimiram o último grão de sua comida, ele morreu, e os habitantes da cidade de Schilda não entenderam por quê. Não se pode dizer melhor que é impossível tudo sublimar; a pulsão sexual como a pulsão alimentar reclamam um mínimo de satisfação direta.

Uma limitação no pensamento de Freud

No entanto, há uma limitação no pensamento de Freud. Centrado na sexualidade, que leva às relações sexuais, Freud ignorou o conceito e a problemática da *identidade sexuada*. Para ele, os seres humanos eram tão fundamentalmente bissexuados que ele considerava uma abstração ser não um ser humano, mas um homem ou uma mulher. A noção do *gênero* como distinto do sexo desenvolveu-se a partir de 1950. A divisão da espécie humana em dois sexos biológicos, com alguns fracassos intersexuados, acarreta a divisão dos papéis sociais. Mais, até, como escreve Françoise Héritier[13] : "É a observação da diferença dos sexos que está no fundamento de todo pensamento, tanto tradicional quanto científico". Se o "eu" [*je*] acompanha todos os nossos pensamentos, não é um sujeito no neutro, não cessamos um instante de nos sentir homem ou mulher, ao passo que, por mais dotados que sejamos para o amor, só dedicaremos um número limitado de horas às relações sexuais. É possível chegar a dizer "Não existe nada além da sexualidade"? Não. Mas que a sexualidade seja uma força sempre em ação, coextensiva à vida, como negá-lo? Se levarmos em conta o gênero ao mesmo tempo que a vida sexual, como negar que *o sexo conduz o mundo*?

---

13 Françoise Héritier, *Masculin/Féminin. La pensée de la différence*, Paris, Odile Jacob, 1996, p. 19.

3

A identidade sexuada

A identidade sexuada é o *sentimento íntimo* que cada um tem de pertencer a um dos sexos que a biologia e a cultura distinguem. Trata-se, de hábito, de uma *dicotomia*. Mas existem exceções no âmbito da biologia: os casos de sexuação ambígua ou intersexuação, nem completamente macho, nem completamente fêmea (mas nunca, no ser humano, completamente macho e completamente fêmea a um só tempo, realmente hermafrodita); existem exceções no âmbito da sociedade: casos em que existe um estatuto particular para indivíduos que não entram, por razões diversas, no quadro da dicotomia masculino-feminino.

A sociedade não teria inventado os sexos se eles não tivessem existido no âmbito biológico. Não são as categorias sociais que criam as realidades biológicas. No entanto, sociólogos sustentam com freqüência que a sociedade precede a biologia. É verdade nesse sentido que: "Não há dados biológicos a respeito do sexo que não sejam construções sociais e políticas[1]". Nosso conhecimento do real é uma construção social, mas a realidade que se deixa conhecer precede. A representação social das realidades biológicas varia, entre outras coisas, com o desenvolvimento dos conhecimentos biológicos. De qualquer modo, ontem como hoje, as diferenças sociais entre os sexos, se não deixam de ter alguma relação com as diferenças biológicas, não são delas um decalque, um reflexo ou uma conseqüência direta; são uma interpreta-

---

[1] Kathleen Barry, *The Prostitution of Sexuality*, New York, New York University Press, 1995, p. 22.

ção, uma modificação e uma amplificação. A sociedade produz *estereótipos sociais dos papéis sexuados* (condutas em função do sexo nas circunstâncias diversas da vida cotidiana) *e dos papéis sexuais* (condutas em função do sexo nas relações sexuais). Para ser reconhecido como um homem ou uma mulher, não basta ser um macho ou uma fêmea, é preciso comportar-se da maneira esperada pela sociedade. *Grosso modo*, num plano superficial e estatístico, os comportamentos sexuados publicam aos olhos do outro qual sexo o sujeito reconhece para si, tanto que se pôde escrever que a identidade sexuada e os papéis sexuados estão ligados como as duas faces de uma moeda: a identidade seria a face íntima e os papéis seriam a face pública do pertencimento sexuado. Essa definição não é perfeitamente satisfatória, pois é possível estar em revolta contra os estereótipos sociais e querer fazê-los evoluir, sem negar ou recusar seu sexo biológico, que é ao mesmo tempo o *sexo de atribuição* que recebemos no registro civil e no qual fomos criados.

Quis-se também incluir na identidade sexuada a *orientação sexual*, a atração e a escolha do parceiro (do outro sexo, de mesmo sexo, ou dos dois sexos). Aí, ainda, não é satisfatório. Pois, se existem vínculos entre a identidade sexuada e a orientação sexual, eles devem ser estudados e precisados: todo sujeito com uma orientação homossexual tem uma recusa de seu sexo de atribuição, uma identidade sexuada incerta, ambígua ou invertida?

Macho ou fêmea

A espécie humana, como um número enorme de outras espécies, está dividida em dois sexos, ou mais ou menos, pois há acidentes do desenvolvimento, casos intermediários intersexuados. É o que se chama a *sexuação*. Estando os sexos separados, eles se unem para procriar (*sexualidade*). Biólogos observaram que em vez de falar de *procriação* fala-se com freqüência de *reprodução*, embora seja um termo impróprio. Pois os seres humanos não se reproduzem da mesma maneira: não há nem cissiparidade (simples divisão de unicelulares), nem partenogênese, nem clonagem (espontânea). Na procriação, os seres humanos produzem seres novos, cada um sendo diferente do outro. A inovação se faz através da morte dos indivíduos e da procriação sexuada. O sexo e a morte têm interesses comuns. O indivíduo se dá a ilusão de ser imortal, mas é num outro diferente dele que ele sobrevive.

Para perpetuar a espécie, cada sexo precisa do outro. A existência dos sexos no âmbito biológico tem, pois, uma importância considerável para todo grupo humano. É preciso acrescentar que os seres humanos não perpetuam a espécie como tal, eles perpetuam um grupo social, um sistema de relações e de representações.

Da distinção entre os machos e as fêmeas toda cultura se dá representações. Presos numa cultura que desenvolveu as ciências e as técnicas científicas, damos uma importância particular aos conhecimentos biológicos. Mas eles estão em movimento, e não imaginamos nada dos conhecimentos de amanhã, exceto em romances de ficção científica. Os conhecimentos científicos não eliminam as fantasias, nutridas pelo que sobrevive dos mitos antigos e, como se diz, das superstições.

As diferenças entre os machos e as fêmeas são claras; referem-se antes de tudo aos *órgãos genitais*, ao *ato sexual* e à *procriação*. O homem tem órgãos genitais que são exteriores, visíveis (que ele tem orgulho de exibir), sensíveis à agressão, frágeis em sua capacidade de ereção. A mulher tem órgãos genitais escondidos, internos, não acessíveis à sua própria visão direta; a ereção é própria do homem e é bem ridículo, como às vezes se faz, pôr em paralelo a ereção dos mamilos ou do clitóris e a do pênis. O homem penetra e, para fazer isso, deve ter uma ereção, cujo fracasso é um atentado narcísico; ele deve *dar as suas provas*. A mulher deve poder assumir uma posição de receptividade, deixar-se penetrar. O homem engendra, a mulher pare; até agora, só a mulher pode, como toda fêmea mamífera, trazer filhos e amamentá-los. Podemos imaginar artifícios que tornariam o homem capaz de trazer um filho em seu peritônio e ter leite nos seios. Mas esses artifícios, complexos e custosos, não podem se tornar o modo ordinário de procriar. Entre os mamíferos, a mulher tem particularidades: sua penetrabilidade não é dependente do estro, ela conhece uma menopausa e cessa de ser fecunda; as culturas colocam interditos à penetração, biologicamente possível a qualquer momento: por exemplo no momento da menstruação, ou durante a gravidez, ou após o parto. As sociedades tentam constantemente limitar, regulamentar a sexualidade. E, no mesmo tempo, esta lhes escapa. Toda sociedade guarda, assim, contradições quanto à sexualidade.

Em seu desenvolvimento sexual, o homem e a mulher diferem. As etapas são definidas na mulher: primeira menstruação, ritmo das menstruações, defloração, gravidez, parto, amamentação, menopausa. Elas se desenrolam todas *sob o signo do sangue*, ou porque ele escorre, ou porque cessa de escorrer. A mulher vive na *espera*: ela espera as regras, cuja vinda não depende dela; espera (esperava) um marido; espera um filho, que se desenvolve fora de seu controle; espera a subida do leite... De sua posição de receptividade no coito e de espera por acontecimentos importantes da vida deduziu-se a *passividade* da mulher. No entanto, ela precisa ser ativamente receptiva no coito, ela não é uma prancha inerte perfurada. Ela precisa ser ativa na amamentação. A equação que Freud estabeleceu entre a feminilidade e a passividade levou alguns de seus epígonos a dizer que a mulher, sendo ativa ao longo da amamentação, é então viril: cúmulo do absurdo, em que o que é característico da mulher torna-se um signo de masculinidade! Por contraste, o homem, que a natureza põe na obrigação de dar suas provas no coito, é dito *ativo*. E lhe é imposto dar suas provas socialmente. As etapas de seu desenvolvimento sexual não são marcadas por cesuras tão nítidas quanto na mulher; o aparecimento das primeiras poluções noturnas e ejaculações não pode se comparar às primeiras regras; não existem sinais visíveis de seu desvirginamento; ele faz amor e pode disso resultar um filho sem que seja um acontecimento em seu corpo, a gravidez põe à prova e em perigo a mulher, não o homem; não há andropausa comparável à menopausa, o homem permanece capaz de procriar ainda que seu esperma seja menos rico em espermatozóides de boa qualidade. As sociedades submeteram mais os homens que as mulheres a ritos de passagem, iniciações longas e penosas, criando cesuras sociais ali onde não havia cesuras biológicas.

Homem ou mulher

É conhecida a frase de Simone de Beauvoir em *O segundo sexo*: "Não se nasce mulher, torna-se". Palavras bem pertinentes, mas que convém aplicar aos homens também. Nascemos macho ou fêmea (ou intersexuado), tornamo-nos homem ou mulher. Um homem é um macho que se quer masculino e que, para ser reconhecido tal, se conforma, ao menos em parte, aos critérios da masculinidade de sua sociedade. Uma mulher é uma fêmea que se quer feminina e que, para ser reconhecida tal, se conforma, ao menos em parte, aos critérios da feminilidade de sua sociedade.

Os critérios da masculinidade e da feminilidade variam de uma cultura a outra. Referem-se à aparência, às roupas, às atitudes, às condutas, à linguagem, aos sentimentos que supostamente experimentamos, às características psicológicas que supostamente temos, às atividades para as quais somos considerados aptos, ao estatuto na sociedade (político, econômico, jurídico, religioso). Nos dois extremos, a guerra é quase sempre feita pelos homens; a parturição é biologicamente obra das mulheres, e os homens podem no máximo imitá-la na *couvade*. Para todo o resto, sempre encontramos uma sociedade para declarar masculino o que uma outra considera feminino. A demonstração disso foi feita de maneira peremptória por Margaret Mead, em *Um e outro sexo*[2].

O masculino e o feminino não decorrem da natureza (biológica) do homem ou da mulher, são uma interpretação das diferenças biológicas impossíveis de negar. Embora convencionais e em grande parte arbitrárias, essas interpretações são impostas aos membros de uma cultura dada, e a maioria se submete a esses estereótipos. Por quê? É que custa um estatuto de rejeição e de exclusão se as questionamos.

Mas mais grave ainda é o fato de que há uma hierarquia de valor entre o masculino e o feminino, o que Françoise Héritier chamou a *valência diferencial dos sexos*. O feminino é por toda parte inferior ao masculino.

Entretanto, o poder fecundante da mulher é um valor precioso para o grupo social. Quando se precisa de soldados, a taxa de natalidade deve aumentar, proíbe-se a contracepção e o aborto. Precisamos do poder maternante das mulheres (amamentação) nas sociedades que não têm criação de gado, que não têm leite animal; na falta da mãe, é preciso uma ama de leite úmida, uma outra mulher que amamente. Hoje, perdemos a consciência disso com a invenção da mamadeira e dos leites industriais que tornam possível a quem quer que seja, logo, aos homens, alimentar uma criança.

A mulher, biologicamente preparada para cuidar do recém-nascido, é programada para o apego de longa duração, que é necessário à sobrevivência da criança. O que cria uma diferença em sua sentimentalidade, suas emoções,

---

2 Margaret Mead (1948), *L'Un et l'autre sexe*, Paris, Denoël/Gonthier, 1966.

como diz Alain Braconnier em *O sexo das emoções*. Talvez haja aí uma fonte do que leva a mulher a dar mais valor à monogamia que o homem.

É verdade que a mulher tem uma força muscular menor. Essa *diferença de força muscular* impressionou muito Simone de Beauvoir, que a menciona várias vezes em *O segundo sexo*. Mas em que essa diferença justifica uma inferiorização da mulher em todos os domínios? E, aliás, isso não impede que, num certo número de sociedades, sejam reservados os trabalhos de força às mulheres... Nas sociedades guerreiras e caçadoras, a força desempenhou um papel; um jovem, para se tornar um homem, devia dar suas provas matando um leão ou escalpelando algum inimigo. Não estamos mais aí. A máquina substituiu a força do homem, o trabalho se tornou bem diferente. Se a masculinidade está associada à noção de violência, se o pênis humano, muito suave e desprovido de osso peniano, está assimilado no inconsciente a uma arma, é que o homem quis controlar a mulher e às vezes a penetrou à força, e continua a fazê-lo num certo número de circunstâncias civis ou guerreiras.

O fato de que, sem nenhuma agressão, sangue escorra da vulva da mulher foi sentido pelos dois sexos como uma *ferida* que ela traz. Nas paredes das cavernas pré-históricas, o sexo do homem é simbolizado por uma flecha, o da mulher por uma ferida. E é uma ferida inquietante, de onde escorre um sangue escurecido, sujo, poderoso pois ligado ao poder de gerar filhos, perigoso pois eventualmente usado em malefícios. Não nos esqueçamos de que, ainda em nossa cultura, a mulher que tem suas regras estraga a maionese, ou corre perigo caso se banhe ou tenha contato com o frio! Émile Durkheim destinava um papel ao tabu do sangue e, mais particularmente, do sangue menstrual na proibição do incesto. Após a maneira como Lévi-Strauss situou a proibição do incesto como que assegurando a circulação das mulheres e fundando o parentesco por aliança, Françoise Héritier dá novamente importância aos humores no incesto de segundo tipo: "Ao passo que o incesto do primeiro tipo é uma relação direta entre consangüíneos, heterossexual ou homossexual, o incesto do segundo tipo é indireto: não é mais, por exemplo, o filho que dorme com a mãe, mas a filha que entra em contato íntimo com sua mãe se porventura dormir com o pai ou sogro ou se a mãe dormir com o genro[3]".

---

3 Françoise Héritier *et al.*, *De l'inceste*, Paris, Odile Jacob, 1994, p. 9.

O pênis, sob o nome de *falo*, torna-se o símbolo da *completude narcísica*. Como se um ser humano só fosse inteiro se estivesse provido de um pênis. Que o homem dê valor a seu pênis, compreendemos. Ele é visível, sua ereção é impressionante, o tamanho do pênis do pai é impressionante aos olhos do filho, mesmo que não atinja o do membro do cavalo (não nos esqueçamos da fobia dos cavalos que "o pequeno Hans" desenvolveu). O homem pode manipulá-lo; brincar, criança, de quem "mija" mais longe; verificar que ele ainda está presente após a masturbação; ao passo que a menina não sabe o que se passa no interior de seu corpo. Mas por que se faz dele um símbolo de completude para um e outro sexo? Por que se quer fazer da mulher "um homem castrado"? Quando nos encontramos na presença de um homem que voluntariamente se fez castrar, como os transexuais machos, podemos medir a que ponto a mulher é outra coisa que um homem castrado.

E há uma castração propriamente feminina, a de não poder realizar todas as virtualidades de seu sexo: ser amado por um homem, ter filhos. Existem sociedades em que a mulher estéril está fadada à rejeição, e certas mulheres estão dispostas, em nossa cultura, a se submeter a penosas manipulações para conseguir procriar. É verdade que, em muitas culturas (mediterrânea, muçulmana, indiana, chinesa, etc), não basta apenas procriar, mas procriar um ou vários machos. Passado o período das deusas mães, por toda parte houve uma *supervalorização do pênis em falo*, supervalorização que acabamos pensando como uma reação de defesa do homem, que não é capaz de procriar, diante do formidável poder da mulher. Se formos atentos ao que dizem as crianças, os meninos pequenos, na idade de três ou quatro anos, choram ao descobrir que não poderão nunca trazer filhos no ventre, nem alimentar bebês com seus seios. Mas eles recalcam intensamente esse desejo de ser mulher e passam a desprezar e a denegrir as meninas.

Para os dois sexos, a descoberta de um outro ser humano que é um humano como si mesmo e que, no entanto, é diferente em seu corpo é um traumatismo. E para suportar essa descoberta é preciso apoiar-se no grupo dos pares, confortar-se mutuamente ao denegrir o outro grupo. Senão, não se poderia compreender a segregação espontânea das crianças em grupos sexuados desde a escola maternal, embora até lhes seja proposta uma coeducação dos sexos. Além da diferença anatômica entre os sexos, há diferenças na expressão motora e verbal, no estilo de ação e de comunicação, e cada um desconcerta o outro. A intolerância à diferença começa desde a infância, e são conhecidos os estragos na idade adulta, dos fornos crematórios à purificação étnica.

Como se constrói a identidade sexuada

Durante muito tempo se pensou que era evidente que um menino se sente um menino destinado a se tornar um homem e que uma menina se sente uma menina destinada a se tornar uma mulher. A identidade sexuada aparecia como o conhecimento do sexo ao qual a natureza e a sociedade de pleno acordo fadavam a criança. Certo, conheciam-se casos ambíguos, em que se pudera hesitar quanto ao sexo a ser atribuído no nascimento; como essa atribuição do sexo era feita unicamente com base na aparência dos órgãos genitais externos, antes dos meios modernos de investigação em países desenvolvidos, um erro podia ser cometido. O desenvolvimento mostrava isso, pois os sinais da puberdade não se manifestavam no sentido esperado. Se, nos mitos, um lugar de honra era concedido a Hermafrodita na Grécia, ou à figura compósita de Ardhanishvara na Índia (Siva unido à sua esposa), na realidade, os intersexuados ou pseudo-hermafroditas davam medo e eram de hábito fadados à morte[4]. Não tínhamos tempo de ver como suportariam sua ambigüidade e que identidade subjetiva se dariam...

Foi a propósito dos intersexuados que percebemos, na segunda metade do século XX, que a identidade sexuada, antes de ser um *conhecimento*, era uma *crença* que decorria do sexo de atribuição, da maneira como a criança era educada: sinais que poderíamos pensar evidentes não convencem o menino sem membro de que ele não é um menino, ou a menina sofrendo de uma hiperplasia congênita das supra-renais[5], que tem apenas um clitóris hipertrofiado, de que ela não é um menino, se um ou outro foram criados

---

[4] Luc Brisson, *Le Sexe incertain. Androgynes, hermaphrodites et métamorphoses dans l'Antiquité*, Paris, Les Belles Lettres, 1997.

[5] Um defeito congênito de um dos sistemas enzimáticos que intervêm na síntese da hidrocortisona provoca um desenvolvimento anormal das glândulas supra-renais com secreção excessiva dos hormônios andrógenos.

pelos pais com convicção, continuidade e coerência como um menino. Um bebê não sabe ao nascer que é um menino ou uma menina. São os pais, ao darem crédito à parteira ou ao médico, que sabem e propagam isso às pessoas à volta. Não se trata de uma tentativa de enganar essas pessoas e a si mesmo, como na história contada por Tahar Ben Jelloun em *O menino de areia* e em *A noite sagrada*[6]. Havia uma aparência enganosa ou incerta. Ficamos sabendo que a identidade biológica tem vários componentes, que podem ser divergentes: os cromossomos, os órgãos genitais internos, as taxas hormonais, os órgãos genitais externos, mais tarde os caracteres sexuais secundários. Deve-se considerar um desses componentes biológicos mais fundamental que os outros? John Money e os Hampson, que trabalhavam no Johns Hopkins Hospital, em Baltimore, também nos ensinaram que, na maioria dos casos, a contradição entre certos componentes biológicos e o sexo de atribuição traduzia-se para o sujeito por um sentimento de pertencer a seu sexo de atribuição (de cem em cento e cinco casos numa de suas estatísticas, em 1957). Espanta o fato de que forças psicológicas possam prevalecer sobre as forças biológicas. Às vezes, o sexo biológico marca a sua força. É o caso de Herculine Barbin, cuja história Michel Foucault (1978) relatou. Alguns intersexuados que receberam ao nascer um sexo de atribuição correspondendo à aparência dos órgãos genitais externos, mas em desacordo com o sexo cromossômico e gonádico, e que foram criados nesse sexo de atribuição, pedem para receber nova atribuição. Com freqüência, recusam qualquer atribuição, sentem pertencer ao sexo no qual foram criados e têm reações dramáticas se uma nova atribuição lhes for imposta.

Chegamos, pois, à idéia de que o sentimento de pertencimento a um dos dois sexos é uma crença. De hábito, o desenvolvimento confirma essa crença, e a atitude das pessoas à volta a conforta. Mas vemos bem que é uma crença quando o sujeito afirma seu pertencimento sexuado para e contra os sinais biológicos e a atribuição social, o que é o caso dos transexuais, que pedem que os médicos, com a ajuda de hormônios e de cirurgia, façam deles os membros do outro sexo ao qual eles dizem ter a convicção de pertencer, e toda

---

[6] Tahar Ben Jelloun, *L'Enfant de sable*, Paris, Seuil, 1985, *La Nuit sacrée*, Paris, Seuil, 1987.

a vida deles está centrada na vontade de obter esse pertencimento. Eles afirmam que a alma tem mais importância que o corpo para determinar a identidade; mas querem ao mesmo tempo uma mudança do corpo, uma impossível transformação do corpo para reparar o que consideram um erro da natureza; um pertencimento simbólico não lhes basta, é preciso uma marca biológica.

Podemos emitir a hipótese de que há um distúrbio biológico que lhes aguçou a convicção, mas até aqui nada se encontrou que comprove isso; emitiu-se a hipótese[7], a partir do estudo anatomopatológico de seis cérebros *post-mortem*, de que uma estrutura bem pequena da base do cérebro, a subdivisão central do núcleo basal da estria terminal, situada na proximidade do hipotálamo, seria diferente nos homens e nas mulheres como o é nos ratos e nas ratas, e de que essa estrutura seria próxima da estrutura das fêmeas nos machos transexuais; mas não se sabe que papel essa estrutura desempenha na vida sexual dos seres humanos, que não são ratos, que não funcionam exclusivamente baseados em sinais sensoriais, que "funcionam na representação", cuja sexualidade é sempre uma psicossexualidade; nada se sabe do papel dessa formação no sentimento que o rato tem de ser macho ou fêmea, nem mesmo se tal sentimento existe; não existe modelo animal para o estudo do sentimento de pertencer a um sexo.

Sabemos que um fator fenotípico[8] desempenha um papel. O menino afeminado, que talvez se torne transexual, em geral é bonito, e em geral considerado bonito como uma menina; Robert Stoller havia dito isso e os trabalhos de Kenneth Zucker e seus colaboradores em Toronto[9] o confirmam. Ao inverso, a menina menino frustrado é considerada pouco atraente, até mesmo feia[10].

---

[7] Zhou *et al.*, "A sex difference in the human brain and its relation to transsexuality", *Nature, 377*, nº 6552, 1995, pp. 68-70.

[8] O fenótipo é o conjunto das particularidades individuais que resulta da interação do genótipo (material hereditário) com o meio.

[9] K. L. Zucker, J. Wild, S. J. Bradley, C. B. Mowry, "Physical attractiveness of boys with gender identity disorder", *Archives of Sexual Behavior, 22*, 1, 1993, pp. 23-36.

[10] S. R. Fridell, K. J. Zucker, S. J. Bradley, D. M. Maing, "Physical attractiveness of girls with gender identity disorder", *Archives of Sexual Behavior, 25*, 1, 1996, pp. 17-31.

Também sabemos que, nas crianças muito jovens que recusam seu sexo de atribuição, em que assistimos a interações entre pais e filhos, a posição dos pais quanto à masculinidade e à feminilidade e sua sexualidade têm influência na criança, que apreende algo do vivido dos pais para além do comportamento manifesto e interpreta suas mensagens conscientes e inconscientes: na construção de seu narcisismo, ela acaba só podendo se aceitar como membro do outro sexo.

Esse distúrbio profundo da identidade sexuada não parece resultar de uma angústia de castração no menino, ou de uma inveja do pênis na menina. Há, aliás, menos meninas que inquietam por distúrbio da identidade sexuada; é verdade que também há, em nossa cultura, uma tolerância muito maior com os comportamentos masculinizados da menina que com os comportamentos afeminados do menino.

Nossa identidade sexuada, antes que dela nos apropriemos, está na cabeça de nossos pais e daqueles que nos cercam. Nossos pais têm desejos e fantasias quanto ao nosso sexo. As pessoas à volta reagem diferentemente em função do sexo que nos foi atribuído. É pela decifração dessas mensagens que aprendemos nosso sexo. Os pais procedem, cientemente e à revelia, a uma verdadeira *modelagem* ao favorecer ou ao estigmatizar certas respostas; quando a criança souber que essas respostas são ditas masculinas ou femininas, ela já terá aprendido a reprimi-las ou a desenvolvê-las. Nosso corpo decerto nos proporciona sensações, que não são as mesmas para um menino e para uma menina. Mas o que sentimos não nos informa sobre o que sente o outro; nasce uma interrogação com a descoberta da diferença anatômica entre os sexos. Certas crianças marcaram sua recusa do sexo de atribuição antes da descoberta dessa diferença, antes do que Herman Roiphe e Eleanor Galenson chamam a fase genital precoce, ao longo do segundo semestre do segundo ano de vida.

A recusa do sexo de atribuição

Apesar da "valência diferencial dos sexos", apesar da desvalorização da condição feminina, são mais numerosos os homens que pedem para serem transformados em mulheres do que as mulheres que pedem para serem transformadas em homens, com variações nas cifras relativas (*sex ratio*): em geral se trata de três homens para uma mulher. Atualmente, parece que aumenta o número de mulheres que pedem uma transformação.

No que é expresso, o horror de pertencer a seu sexo próprio parece predominar sobre a atração de pertencer ao outro sexo. Os discursos que os transexuais mantêm sobre a masculinidade e a feminilidade são de uma notável pobreza. O essencial desses discursos se reduz a: "Sou um homem; ser um homem é ser o que eu sou", ou: "Sou uma mulher; ser uma mulher é ser o que eu sou". É quase impossível obter deles um discurso, uma descrição de características precisas e a expressão de uma opinião pessoal. Do papel social do homem e da mulher eles têm uma imagem conforme aos estereótipos sociais; não é possível contestar os estereótipos sociais quando o objetivo é se fazer aceitar.

O que é recusado começa a sê-lo muito precocemente. O menino é fascinado pelas "coisas" da mãe, suas jóias, seus sapatos. Mal anda, e quer andar com os sapatos da mãe. Ele já demonstra que tem um conceito de gênero: a mãe e as meninas pertencem à mesma categoria. O mesmo menino na creche rouba as roupas das meninas. Ao olharmos os comportamentos do menino pequeno, às vezes temos dificuldade de distinguir o que é um componente de gozo aparentado ao que chamaremos mais tarde gozo perverso: vemos o menino acariciar amorosamente os tecidos...

Os brinquedos têm uma conotação sexuada em nossa cultura; alguns são neutros (brinquedos de pelúcia, bola, lego, triciclo, patins, etc), outros masculinos (caminhão, tambor, mecânico, espingarda, armas de caubói, forte, etc), outros femininos (bonecas, carrinhos de bebês, comidinha, instrumentos de enfermeira, etc)[11]. As bonecas, em particular a célebre Barbie, são brinquedos femininos. Um certo número de brinquedos de meninos são usados pelas meninas: carros, bolas de gude, etc. Raros são os brinquedos de meninas cobiçados pelos meninos.

O estilo de jogo e o estilo de trocas não são os mesmos. A persuasão pelo verbo caracteriza as meninas, a intimidação pela força caracteriza os meninos. Os meninos gostam de brigar, as meninas gostam de brincar de

---

[11] Para maiores detalhes, ver Pierre Tap, *Masculin et féminin chez l'enfant*, Toulouse, Privat et Saint-Hyacinthe, Québec, Edisem, 1985.

papai e mamãe. Os sexos se segregam espontaneamente em grupos diferentes de jogo desde a escola maternal.

A criança que recusa seu sexo quer brincar com as crianças do outro sexo, como uma das suas. A menina irá mais tarde até falsificar sua identidade para ser admitida num clube esportivo de meninos. O menino se isola e se deixa vitimizar e ser chamado de *bicha*.

Às vezes, é só na puberdade que uma criança até ali bem solitária e pouco à vontade toma consciência de seu desejo transexual.

A puberdade assinala o caráter definitivo do pertencimento ao sexo de atribuição, e ela é intolerável. Não há mais esperança de que o milagre se produza, de que, certa manhã, ao despertar, sejamos um outro do outro sexo. Os meninos são cada vez mais perseguidos por seu ar feminino. As meninas não suportam que os seios as denunciem como mulheres e começam elas mesmas a se martirizar, apertando dolorosamente o peito, não indo mais à piscina, à praia, não usando roupas leves quando faz calor. Meninas e meninos podem acabar em fracasso escolar, numa recusa de prestarem exames em seu sexo de atribuição.

O sofrimento dos transexuais é grande.

A aceitação do sexo de atribuição

Não se pode comparar essa recusa dramática do sexo de atribuição no transexual com as vicissitudes comuns de qualquer um.

Quando uma menina inveja o menino, fala-se de inveja do pênis, embora na verdade ela possa mais invejar o estatuto que o pênis dá ao menino que o órgão anatômico; nos dois casos, ela não cessa de querer continuar a ser ela mesma, isto é, uma menina com todas as suas particularidades, mas ela gostaria de além disso ter o que tem o menino. Da mesma forma, se um menino chora ao descobrir que não poderá carregar bebês na barriga, ele inveja sua mãe, mas não deseja tornar-se uma menina; ele gostaria de ser capaz de procriar e de amamentar continuando a ser ele mesmo, isto é, um menino. O *núcleo da identidade sexuada* constituiu-se ao longo dos dois primeiros anos e não é recolocado em questão.

Consideramo-nos, pois, menino ou menina, isto é, macho ou fêmea, e vamos em seguida negociar com nós mesmos e com os outros sobre o que é aceitável ou não nos estereótipos que a sociedade quer nos impor. Cada um, da mesma forma que parece fisicamente a um só tempo com o pai e com a mãe, um pouco mais com um que com outro, independentemente do sexo, identificar-se-á com as características e os modos de funcionamento de seus dois pais. Pode-se dizer que temos uma *bissexuação psicológica*. Alguns vão tentar lutar contra o que neles lembra o outro sexo, outros vão viver isso harmoniosamente.

Temos também uma *bissexualidade psíquica*. Tivemos relações de ternura com nossos dois pais. E, para além da *ternura*, tivemos o desejo de obter de cada um de nossos dois pais a *atenção* e o *amor* que nossos pais davam um ao outro, o que desencadeou em nós vivências *sensuais*, alimentando o complexo de Édipo em sua dupla orientação para o pai do outro sexo e para o pai do mesmo sexo. Ao mesmo tempo que fantasia, a criança experimenta em seu corpo algo cuja significação ela não decifra claramente. A sexualidade infantil é *sexual-pressexual*, fadada a efeitos de *après-coup*, a significação do que é vivido só poderá ser compreendida quando o pleno cumprimento da sexualidade for possível, a partir da adolescência.

A aceitação da identidade sexuada não é um jugo, ela passa por um *jogo* constante pelo qual podemos nos imaginar ser o outro (o que é diferente da necessidade vital do ser), nos identificar com o outro, aceitar ser sob certos aspectos como o outro sem nos sentirmos atingidos no que somos. A aceitação da bissexualidade psíquica é um trabalho psíquico sem o qual a vida sexual talvez não alcance seu desabrochar. Teremos de voltar a isso a respeito do casal e do salto que separa a homossexualidade psíquica da homossexualidade assumida.

4

Da diferença à igualdade

O fundamento das diferenças observáveis entre os sexos, das quais algumas são instauradas pela sociedade, é a *diferença sexual*, isto é, a diferença entre os órgãos genitais, as substâncias corporais (sangue, esperma, leite), o vivido do corpo próprio, o ciclo psicossexual, a posição no coito e o papel na procriação. É na verdade a única diferença *qualitativa, em tudo ou nada*, todas as outras diferenças são *quantitativas, em mais ou menos, e estatísticas*: por exemplo, os homens são, em média, maiores que as mulheres, mas há mulheres altas e homens baixos, há uma superposição da distribuição dos tamanhos dos homens e da distribuição dos tamanhos das mulheres. Por ser alta, uma mulher não deixa de ser mulher. Por ser baixo, um homem não deixa de ser homem. Uma distância em relação à média pode ser valorizada diversamente, mas não altera a identidade. Assim, uma mulher pode lamentar ser alta "demais"; mas ela não será admitida no corpo de balé da Ópera se ela não for alta "o bastante". Um homem pode viver "sem complexo" o fato de ser relativamente baixo, ou fazer disso o drama de sua vida.

São pouco numerosas as diferenças quantitativas no campo psicológico que atingem a significatividade estatística. Se tentarmos aprofundar os resultados que vão no mesmo sentido na maioria das pesquisas[1], só restam

---

[1] Eleanor Emmons Maccoby, Carol Nagy Jacklin, *The Psychology of Sex Differences*, Stanford, Stanford University Press, 1974. Essa obra permanece a obra de referência sobre o assunto apesar das críticas que lhe foram dirigidas. Podem ser lidos trechos traduzidos em francês no livro editado por Marie-Claude Hurtig e Marie-France Pichevin, *La Différence des sexes*, Paris, Éditions Tierce, 1986.

quatro diferenças de sexo relativamente bem estabelecidas: 1. As meninas têm aptidões verbais superiores às dos meninos. 2. Os meninos superam as meninas em aptidão viso-espacial. 3. Os meninos superam as meninas em aptidão matemática. 4. Os meninos são mais agressivos. Deve-se ainda acrescentar que o contexto cultural desempenha um papel e que as aptidões matemáticas das meninas atualmente são inferiores às dos meninos apenas em certos pontos, seus resultados sendo melhores em outros (ver o livro de Christian Baudelot e Roger Establet, *Vamos meninas*[2]).

A diferença sexual não comporta em si nenhuma superioridade ou inferioridade de um ou do outro sexo; ela implica uma *complementaridade* que não se pode apagar, no coito e na procriação, e as sociedades instauraram papéis complementares para os sexos, muito evidentes nas sociedades sem escrita em que a repartição das tarefas é tal que o grupo não pode sobreviver sem os homens e as mulheres. E, no entanto, a "valência diferencial dos sexos" está por toda parte presente: os dois sexos nunca foram considerados e tratados da mesma maneira; a mulher foi desvalorizada e oprimida pelos homens. O grande enigma, que não é abordado por Françoise Héritier, é compreender por que as mulheres, desde tempos imemoriais, se deixaram assim tratar pelos homens; por que o feminismo é um fenômeno tão recente; por que uma mudança na condição feminina tornou-se possível.

Temos, pois, de reexaminar tudo o que a diferença sexual comporta para aí encontrar as raízes da afirmação da superioridade masculina e de sua aceitação pelas mulheres.

A experiência do corpo próprio

Os homens e as mulheres não têm, desde bem jovens, a mesma experiência de seu corpo próprio. Os órgãos genitais lhes proporcionam sensações diferentes.

As grandes características do pênis são que ele é exterior, visível, manipulável e erétil. Ainda no ventre da mãe, o feto tem ereções; o bebê as tem, espontâneas ou provocadas pelos cuidados da higiene. O pênis faz parte

[2] Christian Baudelot, Roger Establet, *Allez les filles!*, Paris, Seuil, 1992.

de seu corpo e no entanto não é governado por ele. Bem cedo, o menino é confrontado com o fato de que a ereção não depende de sua vontade. Ela pode se manifestar em momentos que ele não espera[3]. A interrogação do menino sobre o papel do pênis se efetua numa base perceptiva e sensual. Um pênis que se torna "duro" pode acarretar um esquema de penetração. Mas o que penetrar e como penetrar? Os únicos orifícios de que ele tem experiência são a boca e o ânus. A experiência do esvaziamento do pênis após a ereção, fora das ameaças de castração, que às vezes ainda são proferidas, basta para alimentar a angústia de castração. Diante do sexo da menina, ele pergunta: "Isso vai crescer?". É possível que haja seres humanos desprovidos de pênis? Que sua mãe, tão poderosa, dele seja desprovida? É o menino, não a menina, quem constrói a idéia de que só existe um órgão sexual, o pênis.

Ele também se interroga sobre o papel dos testículos, e, em *A sexualidade masculina*, Didier Dumas insiste na importância de que *seu pai* lhe explique o papel que as "jóias de família" (um dos nomes dos testículos) desempenham na procriação.

A menina não tem experiência comparável. Nada está diretamente exposto à sua vista, e nada pode ser exibido. Ela vive da crença de que tem algo dentro de si, se lhe explicaram, e da esperança de que terá a capacidade de carregar bebês no ventre e de amamentá-los. Se se entregar a uma exploração manual, encontrará uma fenda e um pequeno botão sensível; ela nem mesmo encontrará dois buracos. Certo, como relata Léon Kreisler, aconteceu de se extraírem corpos estranhos da vagina de meninas de dois anos; mas não é uma experiência corrente. As sensações que a menina experimenta são vagas, não lhe permitem "desenhar" em si uma vagina. Quando psicanalistas falam de *conhecimento inconsciente da vagina*, não se pode conceber esse conhecimento como racional, como uma imagem comparável a uma prancha do Rouvière, ou de outro tratado de anatomia. Hoje, damos respostas verdadeiras às questões das crianças com muito mais freqüência que antigamente. Mostramos à menina como seu corpo era feito por dentro. Mas ela só vai sentir de fato a sua vagina quando tiver relações sexuais.

---

[3] *Cf.* Didier Dumas, *La Sexualité masculine*, Paris, Albin Michel, Livre de poche, 1990, p. 13.

Mesmo a menstruação não dá uma experiência clara da vagina. E, quando for penetrada, ela nunca poderá fazer coincidir o que experimenta com a prancha do Rouvière. O que ela experimenta mistura de maneira indiscernível sensações vaginais e sensações anais; segundo a expressão pertinente de Lou Andréas-Salomé, "a vagina está alugada ao ânus"; essa mistura das sensações não deixa de perturbar um certo número de mulheres e de lhes proibir o acesso ao orgasmo. Antes da experiência, na infância, representações concretas de penetração só podem ser construídas a partir da boca e do ânus; o umbigo intriga e às vezes é concebido como o lugar da penetração; as crianças também podem imaginar que o ventre da mulher é aberto (como se abre a vagina infibulada...).

Na puberdade, o corpo muda e sabemos o distúrbio que essa mudança induz num e noutro sexo. De novo, as experiências não são as mesmas para as meninas e os meninos.

Um e outro vêem seu corpo modificar-se e sair de uma certa androginia da infância para afirmar-se como macho ou fêmea. Pêlos axilares e pubianos crescem, mas só o rapaz tem barba, o que levará um certo tempo. A voz se modifica; no menino, ela muda. Os seios da menina se desenvolvem; se não tiver distúrbio da identidade sexuada, ela fica feliz com isso, embora às vezes suporte mal as observações e as brincadeiras...

As poluções noturnas escapam à vontade do menino tanto quanto a ereção. As primeiras ejaculações durante a masturbação são um acontecimento. Não se deve esquecer que o mesmo conduto vê correr a urina e o esperma. Um de meus pacientes, convidado a urinar num tubo durante uma visita médica escolar, ficou cheio de uma vergonha petrificante quando em vez de urina ele ejaculou; só se safou pedindo a um companheiro que lhe desse a metade de seu tubo de urina...

A menina tem suas primeiras regras, para as quais a língua inglesa tem uma palavra, *menarche* [menarca], sem equivalente em francês. Não é uma experiência anódina "perder" sangue. No entanto, as descrições dramáticas das menstruações dadas por Helene Deutsch em *A psicologia das mulheres* e retomadas por Simone de Beauvoir em *O segundo sexo* nos parecem refletir um estádio superado de nossa cultura. A maioria das meninas "espera" com impaciência suas primeiras regras, que as consagram como grandes, como mulheres; elas ficam orgulhosas. As dores ligadas à menstruação são muito variáveis de uma mulher a outra, e os inconvenientes dos "períodos" podem ser muito bem geridos. Mesmo assim, é um destino particular. Podemos compreender que o sexo feminino tenha sido simbolizado por uma ferida, e que "a mulher ferida" possa viver uma experiência que favorece a aceitação por ela de um estatuto de inferioridade. É talvez mais importante que o fato de não ter pênis.

A experiência do coito

A escalada da excitação sexual não é desencadeada pelos mesmos estímulos nos homens e nas mulheres e as condições da satisfação não são as mesmas. Como Stoller escreveu, os homens são governados pela "urgência dos paus duros"; o homem "fica de pau duro" em resposta a estímulos visuais, como o *striptease* em que ele adivinha as formas da mulher antes de vê-las quando ela se despe. Os odores podem desempenhar um papel, mas que não é comparável ao que eles desempenham nos animais. A mulher precisa de ternura exprimida; os prazeres preliminares são particularmente importantes para ela; o acme da satisfação não se desencadeará imediatamente. O homem pode gozar por "dar uma", a mulher não pode. O homem pode gozar em bordéis baratos, está excluído para a mulher. O diálogo sexual não é simples, pois, entre duas organizações tão diferentes da sensibilidade e da sensualidade. Para que elas se encontrem, é preciso que o diálogo sexual se inscreva num outro diálogo de sentimentalidade falada, de esforço de compreensão e de ajustamento mútuo.

Vemos que a mulher pode facilmente sentir-se "possuída", violentada ou até violada. É aqui que a diferença de força entre o homem e ela pode lhe dar um sentimento de inferioridade. A inferioridade física, a inferioridade na capacidade de gozar facilmente podem induzir um vivido que prepara para sofrer a inferiorização psíquica.

Diante do homem que deve *dar provas*, ter uma ereção e uma ereção que se segure, a mulher só *tem que se deixar levar*. Ainda que não seja tão fácil, e certas mulheres têm um vaginismo que impede a penetração. E deixar-se levar não basta para trazer o prazer. É claro, ela tem o recurso de "mentir", o homem só pode saber por ela o que ela realmente sentiu, ainda que perceba alguns indícios. Ser "frígida" não é um fiasco comparável à falta de ereção.

O prazer nasce de todo o clima de ternura, da qualidade das carícias preliminares, do *savoir-faire* do homem. Ele é próprio a cada mulher. Ela quer atingir o orgasmo; nem sempre consegue, ou não reconhece como orgasmo aquilo que ela experimenta. Às vezes pensa que o orgasmo é seguido de perda de consciência (sumidades escreveram isso), e como ela não perdeu a consciência... Ou ouviu dizer que o orgasmo vaginal não existe, e ela está segura de que não o experimentou, embora o que descreva seja sem conteste um orgasmo vaginal. Ou então tem uma culpa masturbatória, ela se masturbou excitando manualmente o clitóris; ela precisa das carícias clitoridianas do parceiro, mas elas lhe lembram demais a masturbação e ela não se autoriza a gozar (é aliás estranho que costumemos chamar pelo mesmo nome de masturbação as carícias solitárias e as carícias do parceiro), a não ser que sua masturbação tenha tomado outra forma, o que Freud vira no início de sua obra e em seguida esquecera em sua assimilação do clitóris a um pênis abortado, e da masturbação feminina à masturbação masculina, o que deixa assim livres as carícias clitoridianas como um campo novo aberto às relações com um homem. Ou ainda, embora experimente um grande bem-estar, ela se sente inquieta e insatisfeita: sua sexualidade não se assemelha a essa coisa extraordinária, fantasiada durante a infância, essa relação entre gigantes com um prazer gigante, os gigantes da cena primária, seus pais vistos como gigantes se acasalando.

Há também as fantasias que acompanham ou não a relação sexual e a culpa ligada ao conteúdo das fantasias. Um componente das fantasias vindas da infância é masoquista: na cena representada na fantasia que acompanha a masturbação, a menina costuma ser humilhada, espancada, maltratada, e o acme do prazer ocorre num certo ponto, variando conforme o roteiro de cada uma. Freud deu um exemplo desse tipo de fantasias em seu artigo "Uma criança é espancada". Costuma-se referir-se a esse artigo como à forma canônica tomada por qualquer fantasia de fustigação. Ora, as fantasias de fustigação podem se revestir de outras formas, que conduzem a pôr o acento em outros aspectos que aqueles levados em conta por Freud.

Nesse célebre artigo, Freud faz alusão a fantasias de meninos (dois casos), mas estuda sobretudo fantasias de meninas (seis casos); até sabemos agora que ele tomara sua filha Anna em análise (o que, aos olhos dos analistas de hoje, parece espantoso e só pode acarretar uma limitação da análise), Anna que é, aliás, uma das meninas evocadas nesse artigo. Freud propõe três tempos da fantasia: 1. Uma criança é espancada; uma outra criança, um irmão odiado, é espancado pelo pai. 2. A menina é espancada pelo pai (inconsciente, esse tempo, a origem da fantasia, é uma construção da análise). 3. Numerosas crianças, em geral meninos na fantasia da menina, são espancadas por um personagem anônimo substituto do pai. Ele situa essa fantasia no contexto do complexo de Édipo e da culpa edipiana.

. Deve-se ressaltar que é em geral nas costas, às vezes nas nádegas, que a menina é espancada, o que por certo evoca os castigos corporais que a menina pôde sofrer, a situação de impotência na qual a criança se encontra na infância, mas também o erotismo anal. É preciso, para atingir o acme do prazer, que algo advenha à menina, algo que ela imagina não controlar (embora na verdade, na fantasia, ela seja o encenador e controle tudo), algo que desperta seu erotismo anal, algo que muda todas as humilhações da infância, tanto ao longo da vida cotidiana quanto no seio do Édipo, em um triunfo. É mérito de Stoller ter insistido neste último componente, primeiramente a respeito da perversão (o desejo de machucar alguém para assegurar essa transformação da humilhação em triunfo), em seguida a propósito da excitação sexual em geral, na qual a hostilidade se mistura com freqüência ao elemento erótico.

A mulher espera que, nas relações sexuais, algo lhe advenha por um outro, o que constitui uma diferença fundamental com a solidão da masturbação. Ou não quer ser violentada, ainda que tenha tido fantasias masturbatórias masoquistas. Ou está em parte disposta a sofrer violências na razão mesma de suas fantasias. A posição da mulher nas relações sexuais abre facilmente o caminho para o "masoquismo", que, ao mesmo tempo, é dito feminino quando está presente no homem.

Mulher e mãe

A mulher pode ser mãe e o homem não pode. Freud, se não ignorou, pelo menos subestimou, quase desconheceu a inveja que o homem pode ter em relação à mãe. No entanto, é de experiência corrente ouvir o menino de três ou quatro anos interrogar a mãe: "Será que eu também poderei ter bebês em meu ventre e dar leite a meus bebês?". Ele chora, ou pelo menos manifesta desamparo, diante da resposta negativa. O poder maternante da mulher é um objeto de inveja por parte do menino, uma inveja geralmente recalcada e contra-investida na idade adulta, deixando sentimentos complexos no homem diante da mulher grávida. Certo, ele pode ser um homem feliz por se tornar pai; também pode ficar enojado com aquele corpo que engorda e se deforma. Pode sentir ciúmes desse rival na afeição de sua mulher. A inveja está presente através de ritos como os da *couvade*, em que o homem é autorizado a participar do vivido da gravidez e do parto. Desencadeei certa vez uma cólera enorme num auditório ao dizer que a gravidez e o parto fazem com que a mulher viva uma experiência em seu corpo que o pai não vive, uma experiência que, mesmo quando é feliz, comporta penas e um perigo (houve um tempo em que morrer de parto era banal); rapazes objetaram que a gravidez e o parto constituíam uma experiência perigosa para eles também; davam por prova os ritos de certos índios que eram destinados a protegê-los dos perigos *simbólicos* da gravidez e do parto...

Apesar de todo o saber científico mais ou menos bem partilhado, a gravidez continua a ser vivida como um mistério. Não controlamos tudo o que acontece no ventre da mulher. Só podemos ficar maravilhados e inquietos. Para se tornar pai, o homem depende da mulher. E para estar seguro de que é seu filho ele depende da fala da mãe. O ventre da mulher permanece um antro inquietante.

Compreende-se a importância de que o poder fecundante da mulher pôde se revestir nos tempos mais antigos. Compreende-se que, diante do culto da fecundidade e das deusas mães, o homem tenha querido afirmar seu poder até não só valorizar seu pênis, mas supervalorizá-lo em falo, afirmar que ele era aquele que desempenhava o maior papel e que a mulher era apenas o receptáculo da semente. Seu próprio corpo é no entanto misterioso também, escapando em parte a seu domínio.

No livro publicado sob a direção de Nicole-Claude Mathieu, *O arrazoamento das mulheres*[4], ele menciona culturas em que as mulheres fo-

[4] Nicole-Claude Mathieu (ed.), *L'Arraisonnement des femmes*, Paris, Éditions de l'École des hautes études en sciences sociales, 1985.

ram forçadas a maternidades numerosas e sucessivas em condições de escravidão terríveis. Nessa obra, a única libertação da mulher passa pela homossexualidade, que a faz escapar da maternidade. No entanto, a maternidade não é apenas uma experiência penosa infligida pelo homem à mulher, ela é também uma experiência positiva desejada pela mulher. E o desejo heterossexual existe, fora de todo estupro e fantasia de estupro.

A menina pequena sabe que poderá, como a mãe, ter bebês. Quase sempre, ela se identifica com a mãe num modo positivo, ainda que tenha desavenças com ela. A menina pequena gosta de brincar de boneca. Sonha com o futuro filho, imagina-o, sem saber, parecendo com o pai, ele é o filho de seus sonhos edipianos. Certo, ela ainda não é capaz de ter bebês e seios grandes com leite, mas lhe afirmam que "vai chegar". Ela tem em si um poder escondido, invisível, a vir. Diante da atitude dos meninos que exibem o pênis e brincam de quem faz xixi mais longe, ela nada tem a mostrar, deve *aguardar* e ter esperanças. O desejo de criança é natural e não tem de ser criado artificialmente. Serão necessárias circunstâncias adversas para que ele não desabroche ou que seja apenas, como gostariam os autores de *O arrazoamento das mulheres*, a conseqüência de uma pressão exercida pelos homens.

A mulher é preparada biologicamente para cuidar da criança. Ela secreta leite e, nas culturas sem criação de gado, o leite da mãe ou de uma mulher era necessário para a sobrevivência do bebê. Margaret Mead relatou que mulheres, distantes da maternidade, são capazes de provocar uma subida leitosa ao porem o lactente no seio. E certas mulheres não têm leite o bastante para alimentar o filho ou não querem alimentá-lo, por razões diversas. No entanto, o leite materno é o mais favorável à criança. E o prazer de amamentar, apesar dos cansaços que isso acarreta, é sentido como um privilégio por muitas mulheres. Ele pode ir até um prazer propriamente sexual, que às vezes não deixa de assustar as que o experimentam.

Essa preparação biológica para cuidar da criança se traduz pelo que Winnicott chamou a "preocupação materna primária": a mãe continua a sentir o filho como ainda fazendo parte de si mesma. Winnicott fala da ilusão benéfica ao lactente, em que ele sente o seio como uma parte de si mesmo: se o seio vem na boa hora atender à sua fome, ele tem a ilusão de tê-lo criado. É verdade que ele vai ter de sair dessa ilusão, e sua mãe deverá saber contribuir para essa desilusão a fim de que ele possa se desenvolver.

Um homem pode ser maternante, se perdeu a idéia de que o bebê é perigoso, desvirilizante para ele. Ele não pode ser mãe.

Vale dizer que uma mulher que não foi mãe não é uma mulher realizada? Evans-Pritchard[5], devendo fazer a apologia de uma feminista célebre, sentiu-se em dificuldade: ele se interrogava sobre o que as mulheres de nossa cultura perderam ao ganhar partilhar as atividades dos homens; elas se tornaram voluntariamente solteiras sem filhos ao passo que, nas culturas primitivas, toda mulher se casava e tinha filhos. Evans-Pritchard esquecia a sorte cruel dada à mulher estéril ou, em certas sociedades, à mulher que não pusera filhos homens no mundo. Se é discutível que toda mulher só supera seu complexo de castração após ter posto no mundo um filho, como gostaria Freud, é certo que existem culturas em que uma mulher só é levada em consideração enquanto mãe de filho homem (eventualmente, o homem também deve ser o pai de um filho para ter percorrido as etapas de seu ciclo de desenvolvimento que o conduzem ao estado de homem adulto chamado a desempenhar seu pleno papel na sociedade).

Em nossa cultura, existem mulheres que, fora da pressão da sociedade, consideram que para elas seria impossível viver sem ter tido filhos. Querem uma maternidade a qualquer preço, recorrem às técnicas de assistência médica à procriação fora dos limites razoáveis. Existem personalidades para aprovar que se queira ser mãe com mais de sessenta anos; estão à disposição técnicas cuja eficiência diminui nitidamente a partir de trinta e oito anos; o médico se deixa tentar pela proeza técnica; a mulher o deseja, em nome de que poderíamos nos fundar para lhe recusar o que ela deseja, é o que se pergunta; o desejo do indivíduo justifica tudo. Entretanto, é um desejo de criança em que o componente narcísico (querer uma criança para si) prevalece amplamente sobre o componente objetal (querer uma criança para si mesma): quer-se uma criança para si, sem se preocupar com o destino que é criado para essa criança, que terá pais velhos com as maiores chances de morrer antes de que

[5] E. E. Evans-Pritchard (1965), "La condition de la femme dans les sociétés primitives et dans la nôtre", in *La Femme dans les sociétés primitives et autres essais d'anthropologie*, traduzido do inglês por Anne e Claude Rivière, Paris, PUF, 1971, pp. 30-52.

ela tenha atingido a idade adulta, ou que, se sobreviverem em razão do aumento atual da duração de vida, serão anciões pesando na vida do filho em vez de ser seu apoio.

Uma mulher não está inacabada nem na medida em que seria um homem castrado, nem na medida em que não é mãe. Mais que ter que viver uma falta, ela tem primeiro que viver seu corpo nas experiências que ele lhe proporciona, diferentes daquelas de um corpo de homem. A maternidade foi inscrita como um horizonte possível de vida na história da menina pequena bem antes que, por escolha ou por impossibilidade, se revele que ela não será mãe.

Em que condições uma mulher se sente realmente mulher, realizada enquanto mulher? Essas condições podem ser pessoais ou lhe serem impostas pela cultura. Existem culturas em que mutilações sexuais ou outras foram impostas à mulher, e em que a pressão dessa cultura é tal que não só a mulher a isso se submete, mas as reclama para não ser excluída da vida social. Penso na bandagem dos pés na China antiga, que desapareceu hoje; com os artelhos voltados para a planta do pé, a mulher era uma enferma, incapaz de andar normalmente (e de fugir?); mas um homem não teria desposado uma mulher de "pés grandes"; a redução do pé é o equivalente simbólico de uma mutilação sexual (Freud tinha razão de considerar o pé um símbolo fálico). Penso nas mutilações abertamente sexuais (ablação do clitóris, infibulação dos lábios que fecham a vagina); os antropólogos nos ensinam o respeito às culturas em sua originalidade, mas é difícil assistir impassíveis a essa mutilação que às vezes põe a própria vida da menina em perigo. Por mais que desejemos ajudá-las, mesmo assim é preciso que as próprias interessadas tomem nas mãos a luta contra essas práticas, o que certas mulheres africanas fazem; mas muitas são as que permanecem convencidas de que essas mutilações lhes são benéficas, não diminuem seu prazer, favorecem o parto... Quando, favorecidos pela migração, os africanos tentam conservar suas práticas, são tomados num conflito cultural e não compreendem sua condenação pelos tribunais franceses; eles aceitam de bom grado se beneficiar das leis francesas que lhes dão vantagens sociais, mas não se sentem obrigados a respeitar as leis francesas que vão contra suas tradições; sua aculturação é incompleta e conflituosa. Vemos a força da representação cultural do que deve ser uma mulher. Nas culturas em que se pratica a excisão clitoridiana, pensa-se que é preciso retirar da mulher essa parte masculina; como para Freud, o clitóris é assimilado a um pequeno pênis; a mulher não está suficientemente castrada por ter apenas um pênis abortado, é preciso ainda retirar-lhe esse pouquinho que ela tem, tanto é grande o medo que a mulher inspira, tanto é grande a necessidade de controlá-la e de controlar suas maternidades (ela não deve se masturbar, ter prazer, arriscar ir para outro homem que o seu dono e possuidor, seu esposo, e lhe dar, assim, filhos de que ele não seria o pai). Por trás da afirmação da inferioridade da mulher, há um tal medo e uma tal inveja do poder da mulher que é preciso inferiorizá-la ainda mais, mutilá-la, dominá-la.

Em nossa cultura, em que a vida sexual assumiu uma importância aberta, em que se reconhece à mulher o direito ao prazer sexual, tornou-se difícil pensar que uma vida de mulher possa ser cumprida na ausência de relações sexuais. Deixo de lado as brincadeiras insultantes ouvidas em serviços médicos quando uma mulher se apresenta ainda virgem para um exame médico numa certa idade, elas desonram aqueles que as fazem. Após séculos de culpabilização da vida sexual, chegamos a uma outra concepção da sexualidade, que nos torna ao mesmo tempo difícil pensar que seres humanos possam voluntariamente a isso renunciar (o problema não é aqui fundamentalmente diferente para o homem e para a mulher). A saúde mental exige que o sujeito tenha uma vida sexual, e uma vida sexual feliz? Se Freud acabou pensando que a sexualidade era sempre um dos termos do conflito psíquico ao qual os pacientes e as pacientes que vinham consultá-lo estavam presos, ele também escreveu, como lembrei no capítulo 2, que a ascese sexual não é forçosamente "uma maneira patogênica de colocar a libido[6]". Evidentemente, uma mulher que nunca teve relações sexuais ou uma mulher que nunca teve filhos não fez certas experiências que participam irredutivelmente da diferença sexual. Mas ninguém realiza a totalidade das virtualidades de seu sexo; *a fortiori*, se excetuarmos Tirésias e outras figuras míticas, a totalidade das virtualidades dos dois sexos.

---

6 Sigmund Freud (1914), "Pour introduire le narcissisme", in *La Vie sexuelle*, Paris, PUF, 1969, p. 88.

Homem e pai

O homem não pode ser mãe, ele pode ser pai. Ser pai costuma contar consideravelmente para ele, mas não é uma experiência carnal comparável à maternidade. O que está inscrito em seu vivido carnal é a experiência de suas primeiras relações com a mãe, de sua intimidade com um corpo de mulher. Pensou-se[7] que o menino adquiria no contato com a mãe uma primeira identidade feminina, de que devia se desprender para se tornar masculino. Fez-se da mãe a grande sedutora que faz toda criança, logo, ao menino, viver sensações sexuais graças aos cuidados de higiene (Freud).

É certo que a tradição de muitas culturas é considerar que toda criança faz parte durante um certo tempo, mais ou menos longo, do universo das mulheres, e que chega um momento em que é preciso tirar o filho macho desse mundo das mulheres, do gineceu, das saias da mãe, para fazer dele um homem no contato com outros meninos de sua idade e com homens de diferentes idades. A menina não conhece essa ruptura em suas relações com a mãe; Freud pensou que, para que ela pudesse mudar de objeto de amor, se desviar da mãe para se voltar para o pai, seria preciso que ela sentisse raiva da mãe por não lhe ter dado um pênis. Essa mudança de objeto de amor de que foi feita uma dificuldade da trajetória psicossexual da menina parece a Stoller uma dificuldade menor que a mudança de identidade que o menino deveria viver a partir de uma identidade primária feminina. Para aderir a essa teoria, é preciso ter uma concepção particular da identidade: ela chegaria à criança por impregnação no regaço da mãe, resultaria da intimidade com o corpo da mãe; se essa intimidade tiver sido particularmente forte, vivida pele contra pele numa simbiose bem-aventurada, o menino talvez não conseguisse se desprender de sua identidade feminina e se diria menina depois mulher, sem delirar, porque seria a verdade de sua identidade primeira, o que conduziria

---

7 Robert J. Stoller, *Sex and Gender*, vol. I, New York, Science House, 1968. *Recherches sur l'identité sexuelle*, traduzido do inglês por M. Novodorsqui, Paris, Gallimard, 1978. R. R. Greenson, "Dis-identifying from mother: its special importance for the boy", *International Journal of Psycho-Analysis*, 49, 1968, pp. 370-374.

ao transexualismo verdadeiro segundo Stoller. Mas nos parece que podemos e devemos ter outra concepção da identidade. A identidade é uma *construção* que a criança faz ao integrar o que sente em seu corpo e o que lhe comunicam os pais e as pessoas à volta pelos comportamentos manifestos, mas também por mensagens tênues e em geral inconscientes, reveladoras do que os pais no fundo sentem. O menino que não reconhece para si uma identidade de menino não é tanto um menino a quem foi dito que teriam preferido que ele fosse uma menina quanto um menino a quem sutilmente teriam significado que ele não devia portar-se como um menino, a quem nada teriam manifestado do que é conotado viril em nossa cultura. Desse modo, faz-se uma modelagem, um *shaping* (Stoller) da criança. O sexo está presente na cabeça dos pais desde antes do nascimento, a criança experimenta seu corpo, mas nada pode lhe permitir qualificar o que ela experimenta de masculino ou de feminino, saber que existem duas maneiras de viver o corpo, e rotular o que ele vive, nada a não ser o que vivem e lhe dizem os pais e, por extensão, as pessoas à volta.

Há muito tempo que se sabe que os bebês meninos têm descargas motoras mais importantes que os bebês meninas, mas também se sabe que essas descargas são mais favoravelmente acolhidas que quando se manifestam na menina: "É um menino, vejam como ele já é forte, agressivo!". A acolhida dada pelo meio não é neutra, ela é sexualmente estruturada em função das expectativas da cultura para com meninos e meninas. A força muscular maior dos homens é uma característica que, embora seja fisiológica e não psicológica, é mesmo assim um impacto considerável sobre as mulheres, ou para louvá-la como no exemplo acima, ou para nela insistir, como faz Simone de Beauvoir em *O segundo sexo*, ou para ver no homem um bruto e um violador em potencial. A comunicação pela violência, o soco, bem cedo se opõe à comunicação pela persuasão do verbo, e constitui um dos motivos da segregação espontânea das crianças em escola mista; desde a escola maternal, fora de toda pressão do adulto, as crianças se agrupam por jogos sexuados no pátio de recreio, e Eleanor Maccoby[8] vê nisso uma conseqüência desse modo

[8] E. E. Maccoby, "Gender and relationships, a developmental account", *American Psychologist*, *45*, 4, avril 1990, pp. 513-520.

de comunicação próprio a cada sexo. Também vemos nisso o fato de que a descoberta da existência de dois sexos, isto é, de seres humanos a um só tempo mesmos e outros, é um traumatismo; para suportá-la, as crianças experimentam a necessidade de se voltar para o grupo de seus pares, de afirmar a superioridade de seu grupo e de denegrir o outro. No livro *Vamos meninas!*, Baudelot e Establet mostram que é só na adolescência que cessa esse menosprezo, quando surge um interesse pelo outro sexo e que se passa a abordá-lo. Na idade adulta persiste na mulher um vivido que Claude Habib exprime muito bem nas primeiras páginas de seu livro, *Pensamentos sobre a prostituição*[9]: "Subo as escadas da estação Montparnasse. Um grupo de soldados aparece no alto dos degraus. Alguns cambaleiam; cantam 'Zero, zero, zero': ou então gritam 'Licença, porra!'. Um pode jogar uma lata lá de cima. Eles me dão medo. É um grupo descontrolado de homens. Podem vir para cima de mim de um momento para outro, por nada. Também podem seguir caminho sem me ver. Meu medo é incontestavelmente sexual, e os detesto por esse medo que me dão, um medo que, sinto bem, só pode me afastar de meu próprio desejo, escondê-lo ainda mais, torná-lo ainda mais indecifrável, mais tímido. Quando passam perto de mim, o horror que tenho deles é racista: detesto o cheiro deles, a sujeira masculina, o sistema piloso diferente do meu, as vozes fortes".

Desde bem pequeno, o menino é solicitado, incitado, para não dizer adestrado à afirmação de si. Dissemos, ele deverá *dar suas provas* no coito tendo uma ereção, e uma ereção que se segure, que o torne capaz de penetrar a mulher. As culturas, sejam quais forem, modelaram-se nessa característica da vida sexual, para exigir constantemente do menino que dê suas provas. Um menino deve ser fisicamente empreendedor, correr riscos, não chorar caso se machuque. Vai passar por provas de iniciação às vezes cruéis, que o blindarão. O serviço militar era uma ilustração disso. O trote em nossa cultura é uma caricatura disso, talvez em via de extinção, é possível que comecemos a fazer outra idéia da masculinidade, em ligação com a diminuição da importância da força física do homem nas tarefas de produção como nas tarefas de defesa.

[9] Claude Habib, *Pensées sur la prostitution*, Paris, Belin, 1994, p. 5.

O homem tem um desejo de criança, do qual certos componentes são comparáveis aos do desejo de criança da mulher. A criança está encarregada de *reparar* um dos pais, de realizar tudo o que este não pôde realizar. Mais até, na criança, os pais têm o sentimento de sobreviver, de poder enfrentar a morte de outra maneira, sentindo em si uma certa *imortalidade*. Para o homem, nas culturas em que ele dá seu nome à criança, a *transmissão do nome* desempenha um papel. A *transmissão dos bens* também tem importância para os dois pais (no tipo de filiação cognática que é o nosso, em que as relações com os ascendentes do pai e da mãe são reconhecidas como equivalentes), o esforço de toda uma vida toma sentido. Embora não seja carnal, o vínculo do homem com a criança não deixa de ter uma importância muito grande; ficamos espantados ao ver com freqüência que a mulher, a companheira de toda uma vida, conta menos que os filhos, talvez porque o pai sinta a responsabilidade de tê-los feito nascer (pode-se mudar de mulher, não se muda de filhos, não se divorcia dos filhos), talvez em razão de tudo o que representam, entre outras coisas a prova de sua virilidade (e os homens se sentem tão atingidos pela esterilidade que durante muito tempo nem se imaginou que a esterilidade pudesse provir do homem, só a mulher estava em causa).

Hoje, os "novos pais" sentem prazer em dar cuidados ao lactente e se implicam na educação da criança desde o nascimento. Ainda não se mediu o impacto dessa mudança, em particular nos casos em que o pai é levado a ser o primeiro "doador de cuidados". Não se pode reduzir o pai a um substituto materno e considerar que os papéis parentais são perfeitamente intercambiáveis. A especificidade de um papel propriamente paterno permanece, pois o homem e a mulher são duas figuras do ser humano e situam a criança em face da condição sexuada que é a sua, eles a confrontam com duas experiências de vida diferentes.

Podemos olhar o problema de um ponto de vista factual, e sabemos que não ter pai é um *risco* para a criança; encontramos mais crianças sem pai em numerosas condições de desvio social e de patologia; é apenas um risco, e certas crianças o superam, a "resiliência", como se diz hoje, do ser humano é muito grande e crianças podem superar as condições mais adversas. Mas não é razoável correr deliberadamente esse risco, já é o bastante não poder evitá-lo quando o pai desaparece.

Podemos olhar o problema de um ponto de vista simbólico. A sociedade dá sentido ao fato biológico bruto da procriação sexuada e inscreve, em nossa cultura, a criança como o produto de duas linhagens. O bastardo não é mais estigmatizado por uma situação pela qual não é responsável, e sua filiação natural é reconhecida ao lado da filiação legítima.

Se é possível ser mulher sem ser mãe, com mais forte razão é possível ser homem sem ser pai, pois, se a paternidade é uma experiência de vida cotidiana, ela não se inscreve no corpo do homem como a maternidade no corpo da mulher.

O que foi dito da vida sexual vale também para o homem. É possível sentir a importância da experiência da vida sexual de uma maneira tal que se arrisca a vida para fazer essa experiência. Jacques Lanzmann, em *O girino*[10], conta como, adolescente, era assombrado pela idéia de não morrer sem ter feito amor com uma mulher. Ele conta isso de maneira notável, tanto pelo estilo quanto pela abertura para a psicologia do adolescente. O fato é que ele é preso e levado num caminhão para o que poderia ter sido um destino fatal; o que o determina a saltar do caminhão, arriscando ferir-se mortalmente, é este pensamento: "Não quero morrer sem ter feito amor com uma mulher". É na verdade o que vai lhe salvar a vida (O que é aqui a história de um homem poderia ser a história de uma mulher).

Nem o homem nem a mulher podem saber o que são as relações sexuais antes de tê-las vivido. O que não quer dizer que a primeira relação será a revelação de tudo o que pode ser a vida sexual, que é uma experiência contínua em função das circunstâncias, dos sentimentos, da escolha do parceiro, da constituição do casal. O adolescente, o homem maduro, o homem que envelhece não vivem a sexualidade da mesma maneira.

O que tornou possível a mudança de estatuto da mulher e o que ainda impede isso

Crer que negar as diferenças leva a estabelecer a igualdade é desconhecer que *as diferenças são da ordem do fato* e que *a igualdade é da ordem*

---

[10] Jacques Lanzmann, *Le Têtard*, Paris, Laffont, 1976.

do direito. Há uma diferença sexual entre o homem e a mulher; nem por isso há diferenças marcadas entre suas características e suas aptidões; tudo, até as diferenças de estrutura e de funcionamento cerebral, conhece variações quantitativas, cuja distribuição se superpõe nos machos e nas fêmeas. Toda sociedade viveu a necessidade de definir papéis sexuados, características do masculino e do feminino às quais os indivíduos deviam se conformar sob pena de exclusão. Toda sociedade até definiu a maneira como ela entendia os papéis sexuais, a prática da sexualidade. É da natureza do homem ter uma cultura, ele só pode desenvolver suas virtualidades com o socorro do que lhe traz sua cultura (linguagem, transmissão do saber e técnicas); nele o instinto comporta ser muito mais amplamente determinado pelos acontecimentos do meio, da cultura, do que no animal, no qual há um papel do meio, mas não de transmissão cultural. As culturas interpretaram a diferença sexual como inferioridade e construíram uma desigualdade dos direitos. *A igualdade não deve ser demonstrada, ela deve ser estabelecida*, o que passa por uma contestação da interpretação das diferenças entre o homem e a mulher que foi feita e da aberração da pretensão de fundar o direito sobre o fato.

Poderíamos nos interrogar sem fim sobre o que manteve a mulher na posição de inferioridade que foi a sua. A maneira mais fértil de proceder é olhar o que permitiu a contestação radical dessa inferioridade, que não aparece mais nem como dado natural, nem como imperativo de direito divino. Uma verdadeira revolução sem volta aconteceu, mesmo que ainda não tenha produzido seus efeitos por toda parte.

A Revolução Francesa desempenha um papel decisivo pelo questionamento da ordem estabelecida e da tradição de direito divino, pela *Declaração dos direitos do homem e do cidadão* (26 de agosto de 1789). É verdade que "homem" foi entendido como *vir* (ser masculino) mais que como *homo* (ser humano), que a proclamação pelo Olimpo de Gouges dos direitos da mulher e da cidadã (setembro de 1791) não teve efeitos duráveis, e que se caiu de novo, com o Código de Napoleão (*Código civil dos franceses*, 1804) na dominação do homem sobre a mulher, eterna menor e incapaz jurídica, que o direito de voto só foi concedido às mulheres na França logo após a Segunda Guerra Mundial. Mas uma ruptura tinha ocorrido, um processo havia começado com a obtenção de direitos civis, senão cívicos, processo que decerto não prosseguiu espontaneamente, mas graças à militância das mulheres ajudadas por certos homens, de Condorcet a John Stuart Mill.

Só a mudança ideológica não teria bastado. Aconteceu uma mudança tecnológica que modificou a natureza do trabalho. Ao longo dos dois últimos séculos, a industrialização tornou cada vez menos necessária a força física no cumprimento das tarefas de fabricação. A partir do teclado de um computador, comandamos e vigiamos a fabricação. Não é dizer que todos os trabalhos manuais desapareceram, mas é dizer que muitas das tarefas que, há pouco, só podiam ser efetuadas por homens são hoje cumpridas por mulheres.

A capacidade das mulheres de substituir homens no trabalho se manifestou durante a Primeira Guerra Mundial e marcou uma virada.

Ao longo do século XIX, as mulheres viram melhorar seu acesso à educação. Uma lei facultativa de 28 de junho de 1836 pede às comunas que abram escolas de meninas. Mas os prefeitos preferem se contentar com as escolas paroquiais, cujo pessoal eles não têm que pagar. A obrigação de abrir uma escola primária de meninas em toda comuna com mais de quinhentos habitantes resulta da lei Falloux de 15 de março de 1850, e sobretudo da lei Duruy de 10 de abril de 1867. O ensino secundário se organiza em várias etapas: 1863, 1879 (criação de sessenta e sete Escolas Normais femininas), e sobretudo a lei Camille Sée de 21 de dezembro de 1881 (instalação de liceus e de colégios femininos), 1883 (criação da Escola Normal Superior de Sèvres). É preciso esperar 1925 para que seja proclamada a identidade do ensino para meninos e meninas[11]. Doravante, as meninas vão poder terminar o segundo grau e entrar na universidade. Mas os preconceitos têm a cabeça dura: após ter dito que o cérebro das mulheres as tornava inaptas para aprender o latim, quando o latim era a chave de entrada na universidade, vai-se dizer que elas são rebeldes à matemática, que a matemática está se tornando uma disciplina de primeiro nível, e vimos mais acima o que se devia pensar disso.

As transformações tecnológicas se aceleraram após a Segunda Guerra Mundial. As tarefas cotidianas da dona de casa ficaram mais leves graças à

---

[11] Nicole Arnaud-Duc, "Les contradictions du droit", *in* G. Duby et M. Perrot (eds.), *Histoire des femmes*, t. IV, G. Fraisse et M. Perrot (eds.), *Le XIX siècle*, Paris, Plon, 1991, p. 95.

diversidade das máquinas. Não faz muito tempo era preciso gastar um dia inteiro para lavar a roupa: ir ao tanque, "pôr de molho" (ferver) numa grande bacia a trouxa de roupas, esfregar com uma escova e à mão, pôr no anil, numa outra bacia, estender durante o inverno nos quartos quentes, no verão nos varais e, neste caso, voltar no dia seguinte para pegar a roupa (vemos no filme *Gervaise* um tanque desse tipo, tal como conheci na minha infância). Era preciso fazer compras todos os dias, como não existia geladeira. Não acabaríamos mais de enumerar tudo o que facilita a vida cotidiana. Antigamente, ou a mulher era a escrava das tarefas domésticas, ou era uma "burguesa", isto é, uma mulher que pode ter tempo por se livrar de uma parte do trabalho doméstico. Não há com o que se enganar: hoje ainda, apesar das máquinas, apesar da divisão das tarefas domésticas com os homens, a vida cotidiana pesa muito mais sobre as mulheres que sobre os homens, na maioria dos casos.

As ciências e técnicas progrediram também no âmbito biológico. Reduziu-se a mortalidade infantil e, para ter filhos sobreviventes, as mulheres não precisavam mais passar a vida indo de uma maternidade à outra (havia mulheres que praticamente nunca viam suas regras). Além disso, os métodos anticoncepcionais atingiram uma simplicidade e uma eficiência sem medida comum com os meios empíricos a que as mulheres desde sempre recorriam. Esses métodos anticoncepcionais estão agora nas mãos das mulheres, são portanto elas que planejam e regulam os nascimentos.

O fato de esses métodos existirem não quer dizer que sejam utilizados com toda simplicidade pelas mulheres. As mulheres são inquietas, culpadas pela tradição e certas posições religiosas, incertas da inocuidade dos métodos. Se os diafragmas pedem um mínimo de condições de higiene e de conforto, o mesmo não acontece com a pílula, que consegue no entanto inquietar as mulheres quanto às conseqüências dos hormônios. Mesmo assim, é melhor recorrer aos métodos anticoncepcionais que à "interrupção de gravidez". Podemos considerar que a lei Veil (1975), que tornou possível a interrupção da gravidez, faz parte desses progressos da condição feminina. Há sempre os que são contra. Quem teve de cuidar de mães de família e que viu que elas não podiam encarar um filho a mais nas condições em que viviam, e que puseram a vida em perigo por terem se entregado a "fazedoras de anjos", por não dispor do dinheiro necessário para "abortar" em condições protegidas, este sabe que a proibição da interrupção da gravidez é uma forma de injustiça social. Cabe a cada um não se colocar em risco de dever recorrer ao aborto, se sua consciência lhe proíbe isso. Não cabe a ninguém decidir pelos outros, e sobretudo não cabe a homens decidirem por mulheres. Num certo número de circunstâncias dramáticas (estupro, incesto), impor à mulher portar e ficar com o filho é duplamente violento para com ela. Mesmo fora dessas circunstâncias dramáticas, sabemos que os homens com freqüência se livraram das conseqüências de seus atos sexuais, ao passo que as mulheres não podiam fazê-lo (a condição de mulher não é apenas não ter pênis, é ter um útero com tudo o que isso pode acarretar).

O fato de a autoridade sobre o filho ter-se tornado uma autoridade parental e não ser mais uma autoridade paterna também marca uma virada. Há quem ache que fomos um pouco longe demais nos direitos sobre o filho que é dado à mãe fora do casamento. Homens chegam até a criar movimentos de "defesa da condição masculina e paterna".

Vemos, pois, que, para que uma mudança no estatuto da mulher tivesse sido possível, foi preciso que a luta deixasse de ser a de indivíduos isolados, que uma mudança ideológica sem precedentes surgisse, que a natureza do trabalho se modificasse, que as mulheres tivessem acesso à mesma educação que os homens, que o progresso da biologia e da medicina reduzisse a mortalidade infantil, permitisse ter filhos vivos com maternidades planejadas, que esse planejamento ficasse essencialmente nas mãos das mulheres.

Para as mulheres, ainda há um salto a ser dado. Elas têm uma culpa específica por acumular o que, na cultura, foi até aqui considerado feminino e o que foi considerado masculino: ter filhos e ter um êxito profissional de mais alto nível. Certo, muitas mulheres sempre trabalharam: mulheres de camponeses, de comerciantes, de operários. Mas é outra coisa ter acesso ao "trabalho nobre" e aos postos de responsabilidade. Ali mesmo onde não há obstáculos institucionais, independentemente dos preconceitos que se continua a ter a respeito delas, as mulheres mesmas se refreiam em suas ambições.

O que nos leva a uma grande interrogação sobre o que tornou possível, durante séculos, manter as mulheres num nível inferior, sobre o que as convenceu de sua inferioridade e contribuiu para que ficassem nesse nível.

A *força* física dos homens é superior à das mulheres. Como para todas as diferenças entre os sexos, é uma diferença estatística, que diz respeito às médias; pode haver mulheres que tenham uma grande força física, vemos que sustentam uma pirâmide de homens no circo russo. Mas, se selecionarmos os indivíduos em função da força, as mulheres não estão em estado de entrar em competição com os homens. O que sabemos muito bem no âmbito dos esportes. Problemas até nasceram do fato de certas mudanças de sexo, ou em conseqüência do restabelecimento de uma mulher intersexuada em seu sexo biológico original macho, ou por causa da pretensão de um macho transexual reatribuído como mulher a concorrer entre as mulheres: Schienegger, campeã de esqui intersexuada, que concorreu enquanto mulher, foi diagnosticada, alguns anos mais tarde, como macho biológico e teve de devolver sua medalha à concorrente classificada após ela. Também conhecemos o caso Renato, que se tornou Renata e facilmente campeã de tênis, macho em competição contra mulheres.

Por trás da força, a *violência*, isto é, o *abuso da força.* E nem toda mulher está treinada para esportes de combate; o homem facilmente lhe dá medo. É costume vermos hoje, em filmes e na realidade, mulheres policiais num alto nível de hierarquia, chamadas "patrão" (a feminilização dos nomes de profissão ainda não passou por aí).

Em contraste com essa força física maior dos homens, a mínima fragilidade psicobiológica das mulheres. Há menos mortes *in utero* de fetos fêmeas; menos mortes perinatais e durante a infância, menos formas graves de doenças infantis e períodos de hospitalização das mulheres... Quiseram explicar essas características de um ponto de vista evolucionista: a fêmea porta e protege as crianças.

Ora, a gravidez e a amamentação põem provisoriamente, mas repetidas vezes, a mulher em posição de precisar ser protegida pelo homem, sobretudo em culturas onde a vida é mais rude que na nossa. Mesmo em nossa cultura, as mulheres conhecem esse movimento pelo qual gostariam de se apoiar no marido. Embora tenham almejado uma profissão e a exerçam, são tentadas a renunciar a isso para criar os filhos. Às vezes o fazem, com prazer, mas vivem um momento difícil quando as crianças partem, desejariam retomar a atividade profissional, perderam a qualificação por terem cessado de exercê-la durante anos e têm dificuldades de encontrar um novo trabalho no nível delas. Entram em depressão. Ajudar essas mulheres a trabalhar novamente é o melhor meio de lutar contra essa depressão[12].

Já dissemos que a mulher é um objeto de inveja por parte dos homens, uma inveja recalcada do poder maternante que elas possuem e, ao mesmo tempo, de um poder de criatividade fundamental. Daí por que as mulheres são perigosas; é preciso oprimi-las para reprimir o medo e a inveja que elas inspiram.

Ali mesmo onde homens esmagam as mulheres com sua superioridade, eles contam em seus mitos que na origem as mulheres eram superiores aos homens. Assim, Maurice Godelier nos conta o que são as mensagens dos mitos entre os baruyas: "Na origem, as mulheres eram superiores aos homens, mas um deles, violando o tabu fundamental de nunca penetrar no espaço menstrual ou tocar em objetos sujos de sangue menstrual, apossou-se desse poder e o contou aos homens, que dele se servem hoje para fazer homens dos meninos. Mas o poder que eles subtraíram às mulheres é aquele mesmo que lhes dava o sangue menstrual[13]". "Todos esses mitos afirmam, pois, a existência de uma criatividade feminina primeira no tempo, e primeira pelas coisas inventadas que fazem hoje a superioridade dos homens: as flautas, os arcos, o sal. Mas esses mitos sublinham também o quanto essa criatividade podia ser fonte de desordem; ela não podia ser benéfica para todos sem a intervenção dos homens, os quais usaram da violência, do roubo, do assassinato[14]".

Um dos aspectos do poder e da periculosidade da mulher gira em torno do sangue. Vimos que sua vida sexual se desenrola por inteiro sob o signo do sangue; sangue das primeiras regras, sangue das menstruações, sangue da defloração, sangue durante o parto; quando o sangue cessa de correr, a mulher às vezes adquire um estatuto de homem. Ora, o sangue é objeto de um tabu maior. Durkheim colocou o sangue da mulher e o tabu do sangue

---

[12] Evelyne Sullerot fundou uma associação chamada "Retravailler", da qual o objetivo é esse.

[13] Maurice Godelier, *La Production des Grands Hommes. Pouvoir et domination masculine chez les Baruya de Nouvelle-Guinée*, Paris, Fayard, 1982, p. 118.

[14] *Ibid.*, p. 120.

na origem da proibição do incesto: "O sangue é tabu de uma maneira geral e ele torna tabu tudo o que entra em relação com ele [...] Ora, a mulher é de maneira crônica o teatro de manifestações sangrentas. Os sentimentos que o sangue desperta são portanto transferidos para ela; sabemos com que facilidade extraordinária a natureza do tabu se propaga. Uma inquietude mais ou menos consciente, um certo temor religioso não pode deixar de estar presente em todas as relações que seus companheiros podem ter com elas, e é por isso que estão reduzidas ao mínimo". "[...] a mulher passa, por assim dizer, uma parte de sua vida no sangue"[15].

A mulher, ao perder sangue, vive uma experiência especial. Já vimos que seu sexo podia lhe parecer o lugar de uma ferida, renovada no momento do defloramento, o qual com freqüência foi submetido a um tabu. O sangue das regras é cinzento e sujo, e à mulher que está menstruada todas as espécies de interdições são impostas. Ainda existe em nossa cultura o que gostamos de chamar "superstições": a mulher que tem suas regras estraga a maionese, não deve tomar banho, beber gelado, etc. Na Índia, são proibidas de entrar nos templos. A mulher é, pois, portadora de uma sujeira, e ela se deixa facilmente convencer disso.

As substâncias corporais, diz Godelier[16], "berram e, de um certo ponto de vista, a sexualidade é o berrador indiscreto das relações de opressão e de exploração". Entre os baruyas, o sangue menstrual está antes de tudo encarregado de fornecer a "prova" irrefutável de que as mulheres só são vítimas de si mesmas. E as mulheres só podem consentir. "Basta a uma mulher baruya ver escorrer o sangue entre as coxas para que ela nada mais tenha a dizer e que consinta, muda, em todas as opressões econômicas, políticas e psicológicas que ela sofre". Uma das palavras mestras desse texto é *consentimento*.

Parece-me que às feministas[17] repugna falar desse consentimento das mulheres na opressão. O obstáculo é o homem, pensam. Mas a revolução

---

[15] Emile Durkheim, "La prohibition de l'inceste et ses origines", in *L'Année sociologique*, *1*, 1, 1897, pp. 50, 53.

[16] Maurice Godelier, *La Production des Grands Hommes*, *op. cit.*, p. 353.

[17] Não quero dizer que não sou feminista. Eu o sou no combate pela igualdade dos direitos. Não o sou na reivindicação de uma *feminilitude* implicando o ódio e a exclusão dos homens.

feminista só estará realmente terminada se as mulheres tomarem consciência desse obstáculo que está nelas e o superarem.

Um dos aspectos desse obstáculo interno está ligado à natureza da sexualidade feminina. Falou-se com freqüência, e Freud notadamente, de passividade a respeito da sexualidade feminina, ou de "pulsão ativa de objetivos passivos". Parece-me que a oposição atividade-passividade não convém para descrever as relações sexuais. A mulher deve ativamente aceitar ser receptiva; ela deseja que algo lhe advenha por um outro, o que comporta a ajuda que ela lhe traz: "Me põe", diz o homem. Mas vimos, a respeito das fantasias masturbatórias de fustigação da infância, que o componente masoquista[18] sempre está disposto a se misturar à sexualidade feminina.

Rumo à igualdade

Uma revolução foi cumprida, revolução cujo ponto essencial não me parece ser a conquista de tal ou tal possibilidade, mas a tomada de consciência de que nada justificava considerar a mulher um ser inferior. Essa tomada de consciência, mulheres a efetuaram (não ainda todas as mulheres), homens também. Maurice Godelier, a respeito dos baruyas, exprime fortemente a importância dessa tomada de consciência: "Sabemos que, em matéria de opressão, a dominação de uma fração da sociedade sobre outra (sexo, casta, classe, raça) só está plenamente fundada, legitimada no momento em que são as vítimas que se tornam as culpadas, as primeiras responsáveis pela sorte que sofrem[19]".

Não se deve minimizar os progressos que foram cumpridos no Ocidente, em nossa cultura, as liberdades e os direitos que foram conquistados, o que foi chamado "a liberação das mulheres". Fiquei muito espantada ao ouvir Simone de Beauvoir, alguns anos antes de sua morte, se exprimir como se nada tivesse mudado.

---

[18] Componente hipertrofiada no livro "erótico" de Pauline Réage (Dominique Aury) (1954-1972), *Histoire d'O*, edição integral revista pelo autor, precedida de *Le Bonheur dans l'esclavage* por Jean Paulhan, Paris, Jean-Jacques Pauvert, Livre de poche, 1997.

[19] Maurice Godelier, *La Production des Grands Hommes, op. cit.*, p. 353.

Nem tudo mudou, é verdade, e sobretudo não para todas as mulheres em nossa cultura, com mais forte razão em outras culturas. A ideologia revolucionária contribuiu para a instauração de uma certa igualdade. O que não impede que se matem as meninas na China, ainda que nos digam que é apenas em regiões longínquas (é verdade que encontramos, em Pequim e em outros lugares, pais manifestamente muito felizes de carregar nos braços a filha pequena). O que não impede que ali onde um ofício se feminiliza ele se torne mal remunerado e desvalorizado, como a medicina na Rússia soviética. A igualdade de salários deveria ser facilmente estabelecida, a trabalho igual, salário igual, mas as mulheres são empregadas abaixo da qualificação que têm. Os postos mais elevados na hierarquia raramente lhes são atribuídos; as mulheres para isso contribuem ao se refrearem elas mesmas, além do problema das ausências para maternidade. Mais da metade dos estudantes de medicina são mulheres; quando vemos o que acontece nos níveis mais altos, só encontramos então algumas mulheres, por exemplo uma em trinta e dois na seção do Conselho Nacional das universidades de medicina de que fiz parte, cinco ou seis mulheres para duzentos membros aproximadamente do Conselho Nacional das universidades de medicina em seu conjunto. Cito esses números porque fiquei surpresa, ao entrar na sala, de só encontrar esse número mais que reduzido de mulheres. Em psicologia, 80% dos estudantes são mulheres; essa proporção não é encontrada no nível do corpo de professores das universidades, ainda que os números sejam menos caricaturais que em medicina.

O debate sobre a paridade é atual. Talvez seja de fato necessário um efeito de pressão para conseguir dar às mulheres as responsabilidades políticas que elas são capazes de exercer.

Um outro debate atual diz respeito à feminilização dos nomes de profissão. Durante muito tempo fui reticente a essa reivindicação, porque não estou segura de que baste mudar as palavras para mudar as coisas. Entretanto, é verdade que no Quebec, onde se é exigente nessa questão (vemos escrito na universidade "Sala das professoras e dos professores"), as mulheres tomam mais parte na vida política. Marina Yaguello, lingüista que escreveu sobre a questão das palavras e das mulheres, diz, numa entrevista com Pascale Krémer, publicada no *Le Monde* de 7 de julho de 1998: "Precisamos nomear para conceber e integrar a realidade. Não sei se a feminilização das palavras é um efeito de promoção real das mulheres ou se tem um efeito facilitador para ter acesso às funções nomeadas. Mas penso que ela é simbolicamente importante para acompanhar essa promoção". É uma formulação razoável. É preciso, pois, com ou sem a concordância da Academia Francesa, preparar-se para mudar nossos hábitos de fala, se isso deve contribuir, ainda que só um pouco, para a conquista da igualdade pelas mulheres.

O pior inimigo da mulher é o integrismo, seja ele qual for. Meus contatos com as estudantes argelinas mostraram-me que a preocupação número um delas era a condição da mulher, é a sobrevivência delas que está em jogo. As mulheres que vivem em países onde estão em condição de inferioridade, até mesmo de escravidão, prevalecem em número sobre as mulheres "liberadas" que somos, e não podemos esquecer isso um só instante.

Essencialismo ou construtivismo

Seria possível considerar que defendo uma posição essencialista a partir da importância fundadora que dou à diferença sexual enraizada no corpo e na biologia. Não, creio apenas que não existe ser humano, homem ou mulher, fora de um corpo vivo; é uma tomada de posição materialista no plano ontológico; não é um primado da biologia quanto ao destino de homem ou de mulher. Seria possível então considerar que defendo uma posição construtivista, pois tudo o que é dito feminino ou masculino me parece ser definido como tal pela cultura na qual homens e mulheres vivem, só o estado de macho ou de fêmea sendo dado pela natureza. Ser homem ou mulher não se reduz a ser macho ou fêmea. Temos a chance de viver numa cultura que dá ao indivíduo uma maior liberdade de dispor de seu destino. O ser humano me parece se definir pelo que ele mesmo faz a partir daquilo que a natureza e a cultura lhe deram, entretanto em limites que não podem negar totalmente esses dados de partida. O que eu defendo é, pois, um materialismo que não exclua os valores ideais: o maior valor não pertence aos dados brutos. Somos obrigados a *postular* a existência da liberdade, senão a vida humana não teria mais sentido algum e nenhuma transformação de si, pela psicoterapia ou pela experiência da vida, seria possível. Entretanto, parece-nos impossível definir essa liberdade como total, como um livre arbítrio, o que certos filósofos crêem necessário (penso em Luc Ferry, em Comte-

Sponville e Ferry, *A sabedoria dos modernos*[20]). Dispomos apenas de um pequeno gradiente de liberdade, um *clinâmen*, esse pequeno desvio na queda dos átomos que Lucrécio descrevia; estamos confrontados com uma série de micro-escolhas que, embora sejam aparentemente mínimas, nem por isso deixam de orientar o nosso destino.

[20] André Comte-Sponville, Luc Ferry, *La Sagesse des Modernes. Dix questions pour notre temps*, Paris, Robert Laffont, 1998.

5

A escolha do parceiro

"Não existe [...] nenhuma sociedade que tenha regulamentado o exercício da sexualidade, dentro e fora do casamento, como se fosse importante nunca se deixar transbordar por ela", escreve Luc de Heusch[1]. A perda do estro na fêmea humana, ao desligar o desejo do processo de reprodução, poderia ter dado acesso a uma sexualidade livre, ao que Godelier chama "uma troca sexual generalizada".

Ora, não é nada disso; a sexualidade humana está limitada por pressões sociais, assim como por pressões psicológicas internas. Não existe sociedade que não prescreva regras quanto às alianças matrimoniais possíveis, regras que quase sempre se aplicam também às relações pré-maritais e extraconjugais. Além disso, a maneira como se desenrolam as relações sexuais, o tempo, o lugar, os modos da sexualidade também são objeto de crenças, ritos, tabus que os indivíduos são decerto tentados a infringir, o que nem sempre fazem com facilidade (é possível morrer por ter infringido um tabu sem que nem mesmo uma sanção exterior intervenha). E o indivíduo, além disso, cria para si interditos neuróticos.

---

[1] Luc de Heusch (1990), "Les vicissitudes de la notion d'interdit", in J.-D. de Lannoy e P. Feyereisen (eds.), *L'Inceste, un siècle d'interprétations*, Paris e Lausanne, Delachaux e Niestlé, 1996, p. 251.

A proibição do incesto

Algo da sexualidade generalizada do homem deve ser sacrificado, nos diz Godelier[2]. "Não é o assassinato do Pai que me serve de metáfora, é a noção de um sacrifício de algo na sexualidade em estado 'selvagem', sacrifício que permite precisamente ao homem ser co-responsável junto com a natureza por sua existência social, o que nenhuma espécie animal faz, porque co-produtor junto com a natureza de suas condições de existência". "O homem não vive apenas em sociedade, ele produz sociedade para viver".

A proibição do incesto é universal, ainda que a definição do incesto não o seja. Lévi-Strauss pôde ver nisso a marca da cultura em oposição à natureza. A proibição do incesto consiste na interdição dos casamentos entre parentes de um certo tipo. Trata-se de parentes classificatórios, e não de um parentesco que seria definido em função da consangüinidade real. Assim, é conhecido o destino diferente dado aos primos cruzados (filhos de irmãs do pai ou de irmãos da mãe) e aos primos paralelos (filhos de irmãos do pai ou de irmãs da mãe), uns podendo ser os cônjuges preferenciais e os outros cônjuges proscritos. Em nossa cultura, uns e outros são primos-irmãos, e o grau de parentesco consangüíneo é o mesmo. Só esse fato permite afastar a hipótese de que a proibição do incesto seria a expressão de um conhecimento instintivo da nocividade dos casamentos consangüíneos, nocividade que na verdade só raramente acontece, em casos de tara hereditária recessiva culminando em homozigotos (portadores do mesmo gene em cada um dos dois cromossomos) na manifestação da doença.

Durkheim já recusava o papel da consangüinidade. Para ele, a exogamia (obrigação de se casar fora do clã de origem) resultava de um conjunto de crenças e ritos em torno do tabu do sangue: "Assim, essa superstição grosseira, que fazia atribuir ao sangue toda espécie de virtudes sobrenaturais, teve sobre o desenvolvimento moral da humanidade uma influência considerável[3]".

---

2 *In* M. Godelier, J. Hassoun, *Meurtre du père, sacrifice de la sexualité. Approches anthropologiques et psychanalytiques*, Strasbourg e Paris, Arcanes, 1996, p. 10.

3 Emile Durkheim, "La prohibition de l'inceste et ses origines", in *L'Année sociologique, 1*, 1, 1897, p. 68.

Lévi-Strauss, em *As estruturas elementares do parentesco*[4], propôs considerar a exogamia como uma troca dando a todo homem ou quase (a poligamia criando uma rarefação das mulheres) a segurança de obter uma mulher. Deve-se notar que *são os homens que trocam as mulheres e não o contrário*. A proibição do incesto é apenas a vertente negativa de uma regra exogâmica que tem conseqüências positivas: ela funda o átomo de parentesco por aliança e o parentesco por filiação (combinação que está ausente dos grupos sociais animais). Ao dar a irmã a outro homem em vez de desposá-la ele mesmo, o homem garante para si duas séries de cunhados, os maridos de suas irmãs e os irmãos de sua mulher, que serão seus aliados nos trabalhos e na guerra. E Lévi-Strauss explora os diferentes sistemas de parentesco como variantes por transformação numa combinatória cujo objetivo é assegurar a circulação das mulheres. Admiramos a riqueza do que se poderia chamar o inconsciente cognitivo dos seres humanos, que consegue, através da criação de diferentes sistemas de parentesco, realizar sempre o mesmo fim.

Françoise Héritier[5] estuda um outro incesto dito de segundo tipo, ao lado daquele de que acabamos de falar, que é o incesto de primeiro tipo. O incesto de segundo tipo lhe parece primordial, pois "é impossível compreender o incesto de primeiro tipo a não ser em termos de incesto do segundo tipo". O incesto do segundo tipo afeta, mais do que une, dois consangüíneos ou dois aliados por intermédio de um parceiro sexual comum". É o caso, por exemplo, "de um homem com duas irmãs ou com uma filha e sua mãe, das quais ele não é nem parente nem aliado". Nessa perspectiva, "o incesto fundamental, tão fundamental que só pode ser dito de maneira aproximada nos textos como nos comportamentos, é o incesto mãe/filha. Mesma substância, mesma forma, mesmo sexo, mesma carne, mesmo devir". Dessa vez, não está mais em questão a circulação das mulheres, mas a circulação dos humores, das substâncias corporais, dos rastros deixados pelo coito. Assim, Édipo comete um incesto de primeiro tipo ao dormir com a mãe e, ao mes-

---

4 Claude Lévi-Strauss, *Les Structures élémentaires de la parenté*, Paris, PUF, 1949, 2e édition, Paris, Mouton & Co e Maison des Sciences de l'Homme, 1957.

5 Françoise Héritier, *Les Deux Sœurs et leur mère. Anthropologie de l'inceste*, Paris, Odile Jacob, 1994.

mo tempo, um incesto de segundo tipo ao lavrar no corpo de sua mãe os sulcos que seu pai lavrou; ele é colocado em comunicação com a substância de seu pai por intermédio da esposa de seu pai. Estamos em presença do que eu de bom grado chamaria um inconsciente afetivo, mais próximo do inconsciente de que nos ocupamos em psicanálise.

Assim, a mãe é "a chave de abóbada da proibição do incesto[6]". Para Maurice Godelier[7], o feminino está por duas vezes na fonte do ser social que somos: é nela que se fez a mutação ontológica da sexualidade liberada do estro, e o indivíduo, homem ou mulher, só pode se tornar ele mesmo desligando-se da mulher que lhe serviu de mãe. Godelier duvida de que se possa identificar a lei com o Pai. "Em nenhuma sociedade o conjunto das formas de poder pode se fusionar numa única figura, seja a do Pai ou a da Mãe, e ainda menos a desse substituto fantasiado dos homens que chamamos o Falo".

Os mapas do terno

A sexualidade de cada um tem particularidades idiossincrásicas, que chamaremos "mapas do terno". Eles incluem as particularidades da excitação sexual, de sua subida e de sua resolução final, a escolha do parceiro e a formação do casal.

"Mapas do terno" é a tradução proposta por Jean-Didier Vincent[8] para *sexualmaps*, termo inventado por John Money, literalmente "mapas sexuais". Não se poderia encontrar melhor tradução. Ela tem, para nós franceses, conotações literárias: Mademoiselle de Scudéry falava do "mapa do Terno" para o reino que ela concebera...

Em suas obras dos últimos vinte anos, Money introduziu numerosos neologismos. *Sexualmaps* é um dos mais felizes. Ele mesmo o data de 1980 e, em 1986, ele publica um livro que traz este título: *Mapas do terno. Conceitos clínicos da saúde e da patologia, da parafilia e da transposição de gênero na*

---

6 Luc de Heusch, "Les vicissitudes de la notion d'interdit", art. citado, p. 244.

7 *In* M. Godelier, J. Hassoun, *Meurtre du père, sacrifice de la sexualité, op. cit.*, p. 52.

8 Jean-Didier Vincent, *La Chair et le diable*, Paris, Odile Jacob, 1996.

infância, na adolescência e na maturidade[9]. Money escreve que, cedo ou tarde, a palavra vai entrar nos dicionários, pois cada um de nós tem, sem poder nomeá-lo, um mapa do terno, *a lovemap*. É "uma imagem idealizada e altamente idiossincrásica". O mapa do terno "retrata o seu amante [permaneçamos na língua do século XVII] idealizado e o que, enquanto casal, vocês fazem juntos numa relação idealizada, romântica, erótica e sexualizada. Ele existe primeiramente nas imagens mentais, nos sonhos e nas fantasias e pode em seguida se traduzir em ação com um ou vários parceiros[10]". Ele não está presente no nascimento e se desenvolve ao longo dos anos; vale dizer que está submetido às interações com os outros; pode ser vandalizado pelos adultos e seria, segundo Money, particularmente frágil entre cinco e oito anos. O que conduz à hipofilia, à hiperfilia e à parafilia, isto é, distúrbios da sexualidade por inibição, excesso compulsivo ou desvio (perversão).

Money não é psicanalista e não gosta do vocabulário psicanalítico (ele não gosta de que se fale de "relação de objeto", porque "objeto" lhe parece rebaixar o parceiro ao nível de coisa). No entanto, nessa concepção em que o mapa do terno tem uma história em função das interações com as pessoas-chaves do meio, ele concorda com os psicanalistas. Muitas de suas idéias fazem pensar em Robert Stoller, sem que seja possível decidir quem influenciou quem: em particular, ele insiste na característica comum a todas as cartas parafílicas do terno (perversas), a necessidade de que a tragédia aí seja transformada em triunfo[11]. Sabemos que é a tese central de Stoller em seu livro *A perversão. Forma erótica do ódio*.

Stoller falou em várias oportunidades do *roteiro*, a intriga encenada nos devaneios diurnos, nas fantasias masturbatórias. Em seu livro, *A excitação sexual. Dinâmica da vida erótica*, ele desenvolve a elucidação de uma fantasia masturbatória numa paciente que ele chama Belle. Com efeito, acontece de a análise ser centrada na elucidação de uma fantasia masturbatória, e

---

9 John Money, *Lovemaps. Clinical Concepts of Sexual/Erotic Health and Pathology, Paraphilia, and Gender Transposition in Childhood, Adolescence, and Maturity*, New York, Invington, 1986.

10 *Ibid.*, p. xvi.

11 *Ibid.*, p. 36.

sabemos o lugar que Moses e Églé Laufer dão ao que chamam a "fantasia masturbatória central" na adolescência.

Money fala de imagem, Stoller de roteiro, isto é, de intriga, mas ambos visam a mesma realidade psíquica. Stoller também fala de *script*, isto é, o roteiro com a descrição de todos os detalhes da encenação.

A psicanálise pode chegar a elucidar, parcial senão totalmente, a origem dos detalhes do mapa do terno, da escolha do parceiro, do roteiro, do *script* e, ao mesmo tempo, através do vivido na transferência, modificá-los.

Apesar desse nome, o mapa do *terno* não diz respeito apenas ao aspecto terno da sexualidade, mas também ao aspecto sensual, erótico. Ele comporta os detalhes precisos que fazem subir a excitação[12] até seu acme, detalhes que, presentes na fantasia, podem ser necessários ou, ao contrário, intoleráveis na realização do ato sexual. Levantamos aí ainda outra questão difícil, a da relação entre fantasia e ato, notadamente fantasia perversa e atos perversos.

O problema, na escolha do parceiro, é que os mapas do terno se ajustem. Por quais indícios tênues, subliminares, os dois parceiros sentem a correspondência de seus mapas do terno? Às vezes, eles percebem o desacordo e vão mais além, com o fracasso no final.

Um exemplo muito impressionante dessa capacidade de perceber algo da organização mais íntima do parceiro, sem que nada tenha sido dito, é dado por Joyce McDougall, em *Eros de mil e um rostos*[13]. A paciente, Marie-Madeleine, havia recusado toda relação sexual até que encontrasse seu marido; aconteceu que a única atividade erótica que interessava seu marido "era que ela urinasse nele, enquanto ele a masturbava com os dedos"; Marie-Madeleine encontra em análise uma lembrança de infância: ela tinha três ou quatro anos quando "três meninos com quem ela brincava a haviam convencido a tirar a calcinha e a trepar numa árvore a fim de que pudessem olhar seu sexo", depois tinham lhe pedido para lhes mostrar "como ela fazia xixi", ela sentira orgulho de sua demonstração e da excitação que provocara neles; mas a governanta chegou, a chicoteou e contou os fatos a seus pais, levando sua humilhação ao máximo.

---

[12] "Subida da excitação" pode ser uma tradução para o inglês *arousal*.

[13] Joyce McDougall, *Éros aux mille et un visages*, Paris, Gallimard, 1996, pp. 73-74.

A escolha do sexo do parceiro se inscreve no mapa do terno

A partir do momento em que imaginamos uma história de desenvolvimento do mapa do terno, devemos considerar que há uma história de desenvolvimento da heterossexualidade tanto quanto da homossexualidade. O fato de haver uma história de desenvolvimento não exclui o papel de fatores biológicos favorecedores; mas eles são retomados, integrados na epigênese do sujeito, na espiral das interações com o meio. Tal concepção é fiel à concepção de Freud de uma equação etiológica, em que, para chegar a um mesmo resultado, será preciso ainda mais fatores de acontecimentos tanto menos houver fatores constitucionais, e ainda mais fatores constitucionais tanto menos houver fatores de acontecimentos[14].

As pesquisas para encontrar um suporte biológico da homossexualidade (genes, estruturas cerebrais, hormônios, em particular hormônios *in utero*) são consideradas de modo muito favorável pelos homossexuais, até mesmo empreendidas por biólogos eles mesmos homossexuais (por exemplo Simon LeVay). Mas os resultados são decepcionantes: manchetes de jornais proclamam periodicamente que foi descoberto "o gene" ou o "*locus* cerebral" da homossexualidade; nada assim foi encontrado por enquanto; além disso, é absurda a idéia de que a homossexualidade possa estar ligada a um gene único ou a uma ínfima localização cerebral. Ainda que houvesse uma facilitação biológica, a escolha do sexo do parceiro permaneceria um fenômeno complexo, fazendo intervir fatores culturais e a história do sujeito, como todos os fenômenos psicológicos complexos. Não se pode tirar conseqüências para os seres humanos a partir de trabalhos efetuados em ratos, dos quais temos dificuldade de dizer o que são as fantasias sexuais e o sentimento de pertencimento a um sexo.

Os homossexuais costumam dizer "É inato", mas na verdade é para dizer: "Percebi muito cedo (aos cinco anos, na adolescência...) que meus desejos sexuais estavam orientados para uma pessoa do mesmo sexo". Dizer

---

[14] Colette Chiland (1976), "Freud et l'hérédité", *Homo psychanalyticus*, Paris, PUF, 1990, pp. 121-129.

"É inato" corresponde a dizer: "É mais forte que eu. É meu corpo, é um determinismo biológico, sou inocente".

Esse mesmo argumento será invocado também pelos heterossexuais quando cometem atos ditos "perversos", um incesto, ou se entregam a uma sexualidade compulsiva. Mas, se ninguém é culpado de ter pulsões, que se exprimem num desejo, numa fantasia, cabe ao ser humano *gerir suas pulsões*. Pode-se desculpar, não se deve desresponsabilizar.

A trajetória heterossexual e a trajetória homossexual

Uma e outra trajetória devem ser compreendidas.

A heterossexualidade poderia parecer evidente. É o que quer dizer o termo inglês *straight*, empregado para designar o heterossexual: "na linha", "em ordem". Heterossexualidade não quer dizer "normalidade", a supor que exista algo que possa se chamar normalidade; embora até não falemos de normalidade e não pensemos em termos de normalidade, nossos pacientes interrogam: "Sou normal?"; um homem totalmente potente acha sua potência insuficiente, uma mulher que tem orgasmos não os reconhece como tais, um orgasmo deveria ser algo de muito mais sensacional; eu já disse que os sujeitos se comparavam ao que tinham imaginado dos gigantes da infância, os pais da "cena primária".

É verdade que não se pode evitar reconhecer que a complementaridade na conformação dos órgãos inscreve a heterossexualidade na "ordem da natureza"; mais ainda, só a sexualidade heterossexual pode levar à procriação sem assistência médica.

Mas vimos que a sexualidade humana é disjunta da procriação pela perda do estro que existe nas outras fêmeas mamíferas. A sexualidade humana, tal como a podemos conceber após Freud, inclui a sexualidade infantil, que não tem nenhuma finalidade procriadora, e a sexualidade perversa, que também está dissociada da procriação e que Freud não rejeita como estranha à sexualidade humana.

Para um psicanalista, a heterossexualidade aparece como o modo de resolução do complexo de Édipo, integrando a bissexualidade psíquica (o amor pelo pai do mesmo sexo e o amor pelo pai de sexo diferente), e também a bissexuação psíquica (características conotadas masculinas e femininas em nossa cultura) numa identidade sexuada não conflituosa. Vicissitudes grandes demais nas relações com os pais dos dois sexos perturbarão essa trajetória; é mais ou menos fácil encontrá-las.

Às vezes se fala da heterossexualidade ou da homossexualidade como se fossem uma característica identitária, isto é, permanente. Se um autor como John Money inclui a escolha do parceiro na identidade sexuada, é que ele considera que uma identidade sexuada completa "sem transposição" inclui a heterossexualidade[15]. A transposição pode existir em graus diversos, e alguns dirão que o transexualismo é a forma extrema da homossexualidade, e a homossexualidade a forma menor do transexualismo. A transposição da identidade é máxima no transexualismo, em que o sujeito pede para ser "transformado" em membro do outro sexo; ela é visível, embora menor, no caso de machos homossexuais afeminados ou de fêmeas homossexuais masculinas. Mas, entre os *gays* muito "viris" e as lésbicas muito "femininas", a transposição, caso exista, não é em todo caso aparente na identidade deles tal como ela se manifesta no exterior. Tanto que não se utiliza mais o termo inversão, outrora em voga para designar a homossexualidade; do "invertido", ainda que ele não contestasse sua identidade e tivesse uma aparência não ambígua, mas um parceiro sexual do mesmo sexo que ele, dizia-se antigamente que ele tinha uma alma de um sexo prisioneira no corpo do outro sexo, fórmula que hoje caracteriza o tema transexual daqueles que pedem uma reatribuição do sexo através dos hormônios e da cirurgia. A linguagem atual é mais precisa em razão da distinção feita entre sexualidade e sexo ou gênero, e entre problemática sexual e distúrbios da identidade sexuada.

A homossexualidade, um assunto quente

Como refletir sobre as constatações que são feitas sem chocar a sensibilidade de quem quer que seja? Preocupados em não praticar nenhuma exclusão, nenhuma condenação, devemos por isso fechar os olhos aos problemas?

---

[15] John Money, *Lovemaps, op. cit.*, p. 105.

Os termos *homossexualidade, homossexual* ofendem os interessados. Eles preferem utilizar termos no entanto mais carregados de opróbrio para se designarem: *gay*, que significava na origem prostituído; *lésbica*. Houve quem comparasse essa apropriação de termos insultuosos à afirmação da "negritude" pelos negros tratados de "*nègres**".

Homossexualidade é um termo bem escolhido? Foi inventado por um húngaro, Karoly Maria Benkert, vulgo Kertbeny, em 1869. O termo é criticado como híbrido, grego-latino. Foi proposto, por exemplo, substituir homossexualidade por *homoerotismo*, como fizera Sandor Ferenczi, ou por *homofilia*. Na perspectiva em que valorizamos a existência de duas correntes na sexualidade, a corrente terna e a corrente sensual ou erótica, é preferível conservar homossexualidade para falar do conjunto do problema e distinguir o que é buscado na homossexualidade: a ternura, a sensualidade ou os dois. Falaríamos então de homofilia para dizer os sentimentos de ternura e de homoerotismo para dizer a prática erótica.

Há *tipos* de homossexualidades como há *tipos* de heterossexualidades. O fato de ser homossexual não basta para caracterizar uma pessoa em todos os seus aspectos. Nos aspectos comuns a todas as suas variedades, como situar essa sexualidade cumprida com um parceiro do mesmo sexo? Ela foi considerada, "entre outras coisas, um pecado, uma doença, uma maneira de viver, uma variante normal do comportamento sexual, um distúrbio do comportamento e um crime[16]".

Um *pecado* nos remete à posição de diversas religiões, cristã, judia, etc. Essa posição poderia dizer respeito apenas àqueles que reivindicam essas religiões. Mas, numa cultura judaico-cristã, a consciência comum é amplamente contaminada por uma concepção da sexualidade julgada em si mesma impura e liberada apenas se conduz à procriação. O problema não é que, do exterior, consideremos a homossexualidade um pecado, mas que um certo número de homossexuais, que se consultem ou não, a vivem como tal.

---

* Para se referir à raça, o francês emprega a palavra *noir*, tendo *nègre* uma conotação pejorativa. (NT)

[16] Vern L. Bullough, *Homosexuality: A History, From Ancient Greece to Gay Liberation*, New York, Meridian, 1979, p. 1.

Uma *doença*? E citam o voto da *American Psychiatric Association*, que parou de considerar a homossexualidade uma doença em 1973, com uma maioria de mais ou menos 60% de seus membros. Os médicos não resolveram nada, mas apenas exprimiram o mal-estar em que se encontravam, pois iriam decidir por um voto que a tuberculose ou a rubéola são ou não são doenças?

Uma *maneira de viver*? Pertence ela à vida privada? Ou está em busca de um estatuto público, como, por exemplo, o que existiu numa instituição dos berdaches[17], em via de extinção? Ou exige ao mesmo tempo ser reconhecida publicamente e considerada em todos os pontos equivalentes à outra maneira de viver reconhecida pelas leis que regem o casamento e a família?

Uma *variante normal da vida sexual*? Se a vida sexual permanece privada e diz respeito a adultos que consentem, a lei nada tem a ver com isso na França desde o Código de Napoleão; em outros lugares pode ser diferente, já que, nos Estados Unidos, por exemplo, ainda existem estados[18] que condenam a felação ou a sodomia, ainda que praticadas no interior de um casal legitimamente casado.

Uma *perturbação da vida sexual*? Há sujeitos para quem a homossexualidade é egossintônica, não engendra conflitos internos. Outros a vivem eles mesmos como não sendo *normal*. O terapeuta não trabalha dizendo que isto

---

17 Os berdaches são uma instituição social que foi difundida entre os índios da América do Norte e também na Sibéria. Homens se vestem com roupas de mulheres (ou às vezes com roupas características) e vivem como mulheres; são com freqüência xamãs.

18 Editors of the Harvard Law Review, *Sexual Orientation and the Law*, 1990, pp. 9-10. Esses autores contam que, em vinte e quatro estados e no distrito de Colúmbia, a sodomia era um crime no momento em que eles publicam seu texto. Sob o nome de sodomia são quase sempre proibidos pela lei a um só tempo os contatos ano-genitais e oro-genitais. Os vinte e quatro estados, repartidos do norte ao sul e do leste ao oeste dos Estados Unidos, são: Alabama, Arizona, Arkansas, Flórida, Geórgia, Idaho, Kansas, Kentucky, Luisiânia, Maryland, Michigan, Minnesota, Mississipi, Missouri, Montana, Nevada, North Carolina, Oklahoma, Rhode Island, South Carolina, Tennessee, Texas, Utah, Virgínia. Em Massachusetts, a sexualidade anal só é punida se não disser respeito a um comportamento privado de adultos que consentem.

ou aquilo é normal ou não; é o paciente quem coloca a questão de sua normalidade. Ele não a coloca apenas porque existem normas, resultem elas de considerações estatísticas ou ideológicas, mas porque o ser humano é criador de normas. Ele precisa partilhar suas normas com outros. Não consegue colocar sua homossexualidade como norma, porque se sente ameaçado por ela e não dono de si mesmo, e porque ela lhe proíbe a realização de outros objetivos que ele persegue, fora mesmo de toda medida social de represália.

Um *crime*? Hoje, o problema não se coloca mais como no tempo de Oscar Wilde. Mas ele se coloca quando o parceiro é uma criança. Ninguém discute o caráter criminoso do ato, se a criança for objeto de sevícias físicas, podendo chegar até a morte. Discute-se se existe apenas sedução sexual: "Nós amamos essa criança, nós lhe proporcionamos experiências interessantes, quando estava entregue a si mesma", ouvi dizer. Quando o jogo da sedução sexual é um abuso sexual? Se a criança tiver cinco anos? Mas se estiver próxima da maioridade, seja qual for a idade em que a fixem, é ou não é um crime, com um mês de diferença[19]?

Homofobia

O termo homofobia é atualmente muito utilizado, o sentido no entanto não é evidente. Foi Weinberg quem inventou o termo homofobia; Laura Reiter[20] prefere *antihomosexual prejudice*, preconceito anti-homossexual, pois se trata mais de uma agressão para com os outros que de uma fobia. O termo *homofobia* é utilizado para designar "toda reação ou atitude negativa em relação aos homossexuais[21]"; enquanto conceito ou "construção", ainda está na infância[22].

---

[19] A notar que o problema da definição e das fronteiras de idade do abuso sexual também se coloca quando se trata de atos heterossexuais.

[20] Reiter Laura, "Developmental origins of antihomosexual prejudice in heterosexual men and women", *Clinical Social Work Journal, 19,* 2, 1991, pp. 113-175.

[21] William O'Donohue, Christine E. Caselles, "Homophobia: conceptual, definitional, and value issues", *Journal of Psychopathology and Behavioral Assessment, 15,* 3, 1993, p. 181.

[22] *Ibid.*, p. 194.

Temos a chance de viver na França, num país mais liberal que outros, neste fim de século XX. Somos numerosos a não mais nos deixar governar por regras ideológicas sem nos interrogar sobre sua pertinência. Por que a homossexualidade cria um recuo em muitos de nós?

Temos medo de despertar uma serpente que dorme? Que serpente é essa? A homossexualidade psíquica de nosso complexo de Édipo não seria tão bem integrada quanto pensamos? Tememos que as fantasias ou os sonhos que tivemos fugidiamente se tornem um desejo carnal a pedir realização?

Os modos de relações sexuais que caracterizam a homossexualidade despertam em nós nojo?

Masturbação mútua? O problema não é específico da homossexualidade. A linguagem corrente revela muitas ambigüidades. A etimologia (latim *manus*, mão, e *stuprare*, sujar) evoca a um só tempo a mão e a sujeira. A masturbação designa "o fato de proporcionar (a alguém, a si mesmo) o prazer venéreo através de toques manuais[23]", e no entanto o uso corrente do termo remete a uma prática auto-erótica solitária que não é necessariamente manual. Por que a obstinação em falar *masturbação* para designar as *carícias* que se fazem os parceiros de um casal, seja ele heterossexual ou homossexual? Encontrei até aqui apenas Jean Belaïsch e Anne de Kervasdoué que sejam sensíveis como eu aos malefícios dessa maneira de falar, que lembra a sujeira, que reativa a culpa masturbatória que muitos adultos não liquidaram: "Essa maneira algo pejorativa, pelo menos segundo alguns, de designar as carícias que dois seres apaixonados se dão mutuamente parece fora de lugar. A nosso ver, seria preciso simplesmente sumir com esse termo de nosso vocabulário[24]".

Quanto à felação, ao cunilíngua, ao coito anal, o problema não é mais específico da homossexualidade. O termo sodomia faz pesar uma reprovação sobre o coito anal, mesmo heterossexual[25]. Cada um vai tão longe quanto pode em sua capacidade de superar as barreiras do pudor e do nojo.

---

[23] Alain Rey, *Dictionnaire historique de la langue française*, Paris, Le Robert, 1992.

[24] Jean Belaïsch e Anne de Kervasdoué, *Questions d'hommes*, Paris, Odile Jacob, 1996, pp. 285, 292.

[25] Aí ainda, Belaïsch e Kervasdoué se exprimem com tato e nuanças (*ibid.*, pp. 286-287) que não encontrei em nenhum outro autor.

Ainda que só utilizemos termos neutros, resta que a idéia de relações sexuais entre membros do mesmo sexo pode suscitar um distanciamento. Não se está em presença de dois medos, com os quais é preciso compor: o medo do mesmo no homófobo, o medo do outro no homossexual?

Procuramos pontos de referência no âmbito da sexualidade em geral, que permanece misteriosa para cada um em seu íntimo. Procuramos nos liberar das pressões de nosso grupo cultural, seja ele qual for. Resta que podemos pensar que a via principal é a heterossexualidade e que a homossexualidade só pode ser uma via lateral. Como diz muito bem Vern Bullough[26], se a homossexualidade sempre existiu, ela em nenhum lugar existiu de maneira predominante. Um grupo social que seria exclusivamente homossexual pereceria. A questão é, pois, não oprimir aqueles que caminham na via lateral.

Mas os homossexuais não suportam ser considerados como se praticassem uma via lateral da sexualidade, que os põe em posição marginal. Eles se querem uma minoria (oprimida) que combate por seus direitos. Querem que a homossexualidade seja reconhecida enquanto uma forma como outra da sexualidade. Não se pode no entanto fazer com que a homossexualidade não comporte uma negação da diferença sexual em sua importância fundadora para a sociedade humana.

Fantasia, ato, identidade, estatuto

As fantasias e os desejos de um lado, os atos do outro se inscrevem ao longo de um mesmo *continuum*, ou há um salto entre as fantasias e as realizações? Experiências que permanecem isoladas têm o mesmo impacto que um modo de sexualidade habitual?

Nós todos tivemos fantasias e desejos homossexuais, é pelo menos o ponto de vista dos psicanalistas. É possível que tenha havido uma realização homossexual[27]. Nos Estados Unidos, ouvi dizer que quem quer que *tenha tido* uma fantasia homossexual, com razões ainda mais fortes uma realização homossexual, *é* um homossexual; haveria assim, entre os heterossexuais, massas

---

[26] Vern L. Bullough, *Homosexuality: A History, op. cit.*, pp. 52, 60.

[27] Os dois relatórios de Kinsey, que não era psicanalista, vão nesse sentido.

de homossexuais contrariados... a não ser que acabemos aumentando o número dos homossexuais pela fabricação de heterossexuais contrariados.

Encontramos a questão da escolha do parceiro como inscrita na identidade. O fato é que não vem à idéia daquele cuja escolha de objeto é heterossexual declarar sua escolha de parceiro, como declinamos os sobrenomes e os prenomes, o sexo, a idade, o número da identidade, etc, características que não dependem de nós, nem como declaramos a fé, as convicções. A proclamação de uma identidade homossexual se inscreve num combate militante contra a discriminação; podemos achar necessário afirmar o caráter imutável da homossexualidade, fazer disso uma característica biológica e assimilá-la a uma diferença racial, protegida pelas leis contra a discriminação. Como mostra Janet Halley em textos muito documentados e sutis[28], a afirmação da imutabilidade não é necessária na luta pela obtenção de direitos, e a referência biológica não é mais aceita na definição da raça.

A discriminação existe nos Estados Unidos de uma maneira que não tem equivalente na França: na França, não nos perguntam, numa entrevista ou num questionário de candidatura a um emprego, com quem temos relações sexuais, o que se faz nos Estados Unidos. A conseqüência é que, nos Estados Unidos, a luta contra a discriminação leva a tomadas de posição militantes públicas.

Há um momento decisivo na vida daqueles que adquiriram a certeza de que seus desejos eram exclusiva ou preferencialmente homossexuais e que fizeram a escolha de realizar seus desejos. É o momento de se assumir publicamente, de não procurar mais se esconder, de sair *out of the closet*, do armário, da escuridão, do anonimato; *to come out*, que às vezes traduzimos por "fazer a confissão" ou por "*se liberar*", duas expressões que têm conotações mais marcadas que simplesmente "contar para todo mundo".

Onde está a divisão entre a vida privada e a vida pública? Certo, quando se casam, um homem e uma mulher fazem, entre outros, o anúncio de

---

[28] Janey Halley, "The politics of the closet: towards equal protection for gay, lesbian, and bisexual identity", in *UCLA Law Review, 36, 5,* 1989, pp. 915-976. "Sexual orientation and the politics of biology: A critique of the argument from immutability", in *Stanford Law Review, 46*, 3 de fevereiro de 1994, pp. 503-568.

que vão ter (ou continuar a ter...) relações sexuais; sabemos que, no direito canônico, o casamento pode ser anulado se não tiver sido consumado. Nada, na França, impede um homem ou uma mulher adulta de ter em privado as relações sexuais com o parceiro adulto que consentiu em sua escolha.

A afirmação pública da escolha homossexual comporta a vontade de fazer com que a sociedade reconheça que é uma escolha em todos os pontos semelhante à escolha heterossexual. Ela visa, portanto, entre outros objetivos, obter o reconhecimento oficial das uniões entre pessoas do mesmo sexo. Em diversos países, na Dinamarca em 1989, e na Suécia mais recentemente, foi adotada uma lei que organiza um registro de *parceria*, mas todavia excluindo a possibilidade de serem pais juntos de um filho. Poderíamos imaginar todas as espécies de contrato de entre-ajuda (proteção social, herança), apesar da reticência dos governos em ver evaporar-se os direitos de herança. Existia um dispositivo, vulgo *tontina*[29], aperfeiçoado para as comunidades religiosas, que permitia que, na morte de um dos membros da comunidade, ele fosse reputado não ter jamais possuído o bem, que doravante pertencia aos sobreviventes; esse dispositivo poderia ter sido usado por casais homossexuais ou concubinos em geral, mas essa tontina está agora[30] reduzida a uma soma limitada relativa apenas à habitação principal.

Conceder a homossexuais o direito de serem juntos pais de um filho é dar um passo que parece difícil a muitos daqueles que refletem sobre esse problema. Irène Théry[31] insiste no valor simbólico do reconhecimento dos dois sexos e de sua diferença na filiação; Daniel Cohn-Bendit[32] lembra a importância para o filho de ter um pai e uma mãe, o que um psiquiatra de crianças só pode confirmar.

Ter um filho é invocado como um direito, embora seja um compromisso numa pesada responsabilidade, ainda que muitos pais não estejam cons-

---

[29] Ver o Código Civil, artigo 1130.

[30] Desde 5/9/79, lei de 18/1/80, artigo 60.

[31] Irène Théry, *Le Contrat d'union sociale en question*, Paris, Notes de la Fondation Saint-Simon, outubro de 1997. Publicado igualmente em *Esprit*, 1997.

[32] Daniel Cohn-Bendit, *Une envie de politique*. Entretiens avec Lucas Delattre e Guy Herlich, Paris, La Découverte/Le Monde, 1998.

cientes disso, pelo menos no início, ainda que alguns procriem "por inadvertência". No desejo de criança, há um componente objetal (ter um filho para ele mesmo) e um componente narcísico (ter um filho para si). Com toda evidência, o componente narcísico é grande entre os homossexuais; é verdade que não são os únicos. Mas, quando somos capazes de procriar por nós mesmos, ninguém pede contas. Quando se apresenta um pedido ao *socius*, o *socius* se dá um direito de olhar.

Poderia ser bem longa a discussão sobre a necessidade que as crianças têm de um pai e de uma mãe, as conseqüências ruins da falta de um, de outro ou dos dois. Para a assistência médica à procriação, os CECOS (centros de estudo e conservação do esperma) são reticentes; eles criaram para si regras éticas, durante a criação, e consideram a inseminação artificial com doador como o dom de um casal a outro casal. E, atualmente, a questão da adoção mudou completamente de sentido; não se trata mais de encontrar um lar de acolhimento para crianças abandonadas, trata-se de encontrar filhos para pais em falta de filhos, vamos buscá-los longe e compramo-los. Por que, nestas condições, confiaríamos as crianças a pais de risco, já que sabemos os riscos da ausência de um pai ou de uma mãe? Procuramos mostrar que os filhos de pais homossexuais vão muito bem; reconhecemos que sofrem, mas afirmamos que sofrem apenas da homofobia do meio. Na verdade, não dispomos de nenhum estudo sério, não militante, que não seja superficial e de horizonte temporal restrito. Sabemos que os seres humanos são capazes de se adaptar a todas as situações, até extremas, não todavia sem um preço a pagar e sem grandes diferenças individuais de resiliência.

A partir do problema das uniões entre homossexuais, a deriva para a supressão da interdição do incesto deve ser evocada a propósito das discussões em torno do PACS (Pacto civil de solidariedade)[33]: uma fórmula de união ou de contrato que poderia se aplicar entre pessoas de sexos diferentes ou de mesmo sexo, contanto que essas pessoas não sejam casadas com outras, mas todavia não entre um ascendente e um descendente, convém acrescentar "entre um irmão e uma irmã"?

---

[33] Na data em que escrevo estas linhas, ainda não se sabe qual texto será adotado.

Não se trata de brandir o medo do incesto. Trata-se de mostrar que, nos dois casos, a diferença entre os sexos e as gerações, estruturante para a sociedade e o indivíduo, é questionada. Numa cultura como a nossa, em que se pede muito ao indivíduo e em que o indivíduo pede muito para suprimir todos os pontos de referência, só se ganha aumentando o desamparo do indivíduo.

Homossexualidade masculina e homossexualidade feminina

Não se pode considerar a homossexualidade do homem e a homossexualidade da mulher como simétricas, não mais que os órgãos sexuais não são simétricos. Deve-se notar que se escreveu muito mais a respeito da homossexualidade masculina que a respeito da homossexualidade feminina.

A mulher teve, menina, um vínculo muito próximo, físico e afetivo com a mãe. E as mulheres continuam a ter um modo relacional de troca de ternura, de beijos e de cumplicidade que os homens não têm da mesma maneira. Os homens são reunidos por uma fraternidade de ações cumpridas, esportivas ou militares, que não exclui um vínculo físico, mas de outra ordem.

A homossexualidade masculina tem outra história: ela tem seu lugar nos mitos gregos, seu papel na *païdeia*, a formação do efebo; seu lugar na iniciação de certas culturas (Nova Guiné). Em Lesbos, houve Safo e sua instituição para moças, mas é um exemplo isolado, nenhum lugar é dado à homossexualidade feminina nos mitos gregos[34] nem na educação da mulher antiga.

Ali onde há preocupação, por exemplo nos textos bíblicos e teológicos, de formular interditos contra a homossexualidade, é a homossexualidade masculina que é visada sobretudo, ou exclusivamente. Com freqüência, nem mesmo é mencionada a homossexualidade feminina. É que só o esper-

---

[34] *Cf.*, Bernard Sergent, *Homosexualité et initiation chez les peuples indo-européens*, Paris, Payot & Rivages, 1996 (Essa obra reúne num único volume dois textos: *L'Homosexualité dans la mythologie grecque*, 1984, e *L'Homosexualité initiatique dans l'Europe ancienne*, 1986, publicados por Payot).

ma importa, e o gasto do esperma é condenado: Onan (Gênese 38, 7-10) é condenado por ter recusado inseminar a cunhada, mulher de seu irmão morto, retirando-se durante o coito (e não por ter-se masturbado, como o termo onanismo deixaria crer). Com ainda mais razão, a homossexualidade é um gasto de esperma e uma evitação da procriação.

As mulheres certamente tiveram uma intimidade forte nos gineceus, nos haréns, como hoje no *hammam**. Ali onde há homossexualidade propriamente dita, os vínculos de ternura têm lugar importante, e a homossexualidade não se reduz a um vínculo puramente sensual como é o caso em certas formas de homossexualidade masculina compulsiva, em que é preciso encontrar um novo parceiro a cada dia. Para um certo número de mulheres, a união homossexual sucede a uma união heterossexual; o homem não lhes trouxe a ternura que elas encontram noutra mulher.

A homossexualidade feminina suscita uma curiosidade particular nos homens. Nos filmes pornográficos, mostram-se poucas cenas de coito homossexual entre homens, mas constantemente cenas de relações sexuais entre mulheres, não para saber como elas fazem amor, "já que elas nada têm para poder fazer", mas por fascinação pelo interior escondido da mulher e por vontade de despojá-la do poder que se supõe que ela tem e de degradá-la.

Na cultura *gay* contemporânea, nos Estados Unidos, "o ponto de encontro mais típico e tradicional para os homossexuais é o bar *gay* (e é evidente que isso causa um alto grau de alcoolismo)", escreve Douglas Carl[35], sem nenhuma nuança pejorativa, pois ele mesmo é homossexual e pratica a terapia sistêmica para os casais homossexuais. "A sexualidade de grupo constitui uma atividade muito mais comum nos homens homossexuais[36]". "Em geral, os hábitos sexuais das mulheres são muito mais de ordem privada. [...] Aparentemente, as mulheres preferem conhecer primeiro a eventual parceira e ter mais tarde relações sexuais com ela[37]". "Em *Matriz homossexual*, Tripp[38] sublinha que a média dos homens da

* Saunas. (NT)

[35] Douglas Carl, *Aider les couples de même sexe, op. cit.*, p. 27.

[36] *Ibid.*, p. 26.

[37] *Ibid.*, p. 28.

[38] C. A. Tripp, *The Homosexual Matrice*, New York, Mc Graw-Hill, 1975.

pesquisa de opinião tinham tido relações sexuais com cem parceiros, a maioria anônimos, ao passo que as mulheres tinham tido, em média, dez parceiras, em geral conhecidas[39]".

O movimento das lésbicas difere do movimento *gay* no fato de que as mulheres estão primeiro engajadas numa luta pela liberação das mulheres.

É difícil imaginar de fora a extensão do mundo *gay* e do mundo das lésbicas. Há uma verdadeira cultura *gay* e lésbica, que caracteriza nosso mundo contemporâneo. A pressão pela procriação diminuiu com a redução da mortalidade infantil. O indivíduo reivindica o direito ao prazer e à liberdade. Havia, antigamente, tantas pessoas homossexuais que não se mostravam abertamente em razão da perseguição de que eram objeto? Ou então a cultura *gay* e lésbica está criando vocações?

A homossexualidade como iniciação

É praticamente só para os homens que a homossexualidade aparece, nos mitos tanto quanto nos fatos, como uma iniciação preludiando a entrada na idade adulta. Para as mulheres, por certo, em Lesbos há Safo, que dirige um estabelecimento de educação para moças; ou então, na Nova Guiné, a mamada no seio de mulheres mais velhas pelas mulheres jovens na iniciação das mulheres, que não se compara em importância e em duração com a iniciação dos homens.

Encontra-se reforçada a necessidade, várias vezes sublinhada neste livro, de não considerar a sexualidade e a identidade sexuada da mulher como o simétrico, todas as coisas iguais, por outro lado, das do homem.

A primeira observação que se impõe é que, em culturas onde os homens e as mulheres estão na vida cotidiana bem mais separados que em nossa cultura, o menino pertence primeiro ao mundo das mulheres, é alimentado no seio de sua mãe, dorme junto dela, é cercado de mulheres. Numa certa idade, ele será completamente separado da mãe, e até arrancado dela, numa experiência dolorosa que nada vem atenuar, ao contrário, como se fosse preciso que não só ele deixe a mãe, mas que se livre de tudo o que ela pôde lhe

39 *Ibid.*, p. 29.

comunicar de sua feminilidade. A mulher de quem ele dependeu tão intimamente é perigosa, e nunca é demais rebaixá-la para dela se proteger.

A iniciação do rapaz na época da puberdade por um adulto deve lhe permitir tornar-se um caçador e um guerreiro, um homem capaz de cumprir suas responsabilidades de membro de sua sociedade. Se costumamos falar desse aspecto de *païdeia*, de educação, somos com freqüência muito mais discretos sobre as relações sexuais que uniam o erômeno e o eraste (resta-nos o termo pederastia...). Para falar a verdade, não dispomos para o mundo antigo grego ou indo-europeu dos mesmos dados precisos que para as tribos da Nova Guiné. Antropólogos viveram com os sambias (Gilbert Herdt[40]) ou os baruyas (Maurice Godelier[41]), assistiram às iniciações, até foram eles mesmos iniciados. O que nos dizem com freqüência só restitui os aspectos mais factuais. No entanto, Gilbert Herdt conta o choque emocional ligado à própria experiência, embora até estivesse informado das práticas secretas de felação homossexual: "Quando vi os segredos se encarnarem e o jogo homoerótico se desenrolar abertamente, fiquei espantado e embaraçado[42]...".

Trata-se de uma homossexualidade socializada, ritualizada, combinando o homoerotismo e a homofilia; pois, ao lado do prazer do ato, há relações mais afetivas que se estreitam entre parceiros que se escolhem. Mas é uma homossexualidade que só vai durar o tempo da iniciação e dará lugar à heterossexualidade e ao casamento quando a hora tiver chegado. Não é tampouco qualquer ato que é permitido e mesmo prescrito: carícias mútuas e relações anais são proibidas, apenas relações orais são permitidas, porque se inscrevem na importância dada ao esperma, que não se pode produzir se não se o recebeu. Nos dois primeiros tempos da iniciação, os rapazes ainda impúberes, entre dez e treze anos, devem chupar o membro de jovens solteiros e engolir o esperma. No terceiro estádio, entre quatorze e dezesseis anos, tornados púberes, eles serão por sua

---

40 Gilbert Herdt, *The Sambia: Ritual and Gender in New Guinea*, New York, Holt, Rinehart and Winston, 1987.

41 Maurice Godelier, *La Production des Grands Hommes. Pouvoir et domination masculine chez les Baruya de Nouvelle-Guinée*, Paris, Fayard, 1982.

42 Robert Stoller, Gilbert Herdt, *Intimate Communications, Erotics and the Study of Culture*, New York, Oxford, Columbia University Press, 1990, p. 42.

vez chupados e darão seu esperma aos iniciados dos dois primeiros estádios. No quarto estádio, o jovem é casado oficialmente e iniciado nos ritos secretos dos homens. As relações genitais com a mulher só começarão no quinto estádio, depois que a mulher tiver tido suas primeiras regras. As relações com a mulher são primeiro orais; é preciso que o homem insemine a mulher para que ela possa ter leite (vemos como a mulher é despojada de um poder que lhe é específico). Um sexto estádio ocorre na primeira gravidez. A plenitude da idade adulta só é atingida quando o casal teve dois filhos.

As entrevistas aprofundadas de Herdt permitem entrar na história vivida de alguns sambias. É preciso primeiro forçar o garoto à iniciação; ele não quer deixar a mãe e viver dali por diante na casa dos homens. Ele não encontra de imediato prazer chupando o membro dos homens e engolindo o esperma. Mas ele em seguida se torna conhecedor, e escolhe ir dormir junto de tal ou tal; da mesma forma, ele terá preferências quando for chupado. Durante cada estádio, os papéis não são intercambiáveis. E os interditos do incesto devem ser respeitados; eles o são para os irmãos, e menos para os primos. Os parceiros homossexuais não são próximos, mas, ao contrário, inimigos potenciais. Entre homens, é um jogo erótico; com a mulher, é um trabalho, e a produção de crianças depende disso.

A homossexualidade se desenrola num quadro de convicções e de práticas bem definido, não é permitida qualquer coisa, o prazer e a escolha do indivíduo são possíveis em limites impostos.

A felação entre homens, que é uma das representações que podem suscitar o nojo que conduz à homofobia em nossa cultura, é aqui ao mesmo tempo uma obrigação e um prazer, ao passo que outras formas de homoerotismo não são encaradas.

O desvio pelos indo-europeus, os gregos e os papuas nos ensina que a homossexualidade e a homofobia são relativas num contexto cultural; que não se pode invocar a natureza humana para justificá-las ou condená-las; que, se existe uma homossexualidade institucional, não existe sociedade em que a homossexualidade seria excluída da heterossexualidade, pela simples razão de que seria fadar o grupo social à extinção.

O casal

Exceto fazendo voto de castidade e sendo casado com Deus, o desejo de formar um casal, o desejo de ser desejado, de ser amado é uma linha de força da vida de todo homem e de toda mulher. Casal efêmero e dominado pela sensualidade, casal inscrevendo-se na duração e controlado pelas regras sociais e querendo ao mesmo tempo, paradoxo de nossa cultura, ser o fruto da escolha e do amor romântico.

Existem culturas que não encaram a possibilidade de se permanecer solteiro, existem outras que não encaram a possibilidade de se escolher o parceiro. Nossa ótica é deformada, na cultura ocidental, neste fim de século XX, porque vivemos numa legislação monogâmica (ainda que a monogamia inscrita na lei seja desmentida pelos hábitos) e numa aspiração "romântica" a uma união fundada no amor, uma aspiração nutrida por belos mitos e pela literatura, que com mais freqüência vai à falência que ao triunfo.

O casamento é assunto de sociedade. O aspecto econômico hoje se atenuou; nas sociedades ditas primitivas, a divisão sexuada do trabalho tornava necessária a unidade familiar composta de homens e mulheres (os homens caçavam, as mulheres faziam a colheita); hoje, a família não é mais uma unidade de produção, mas uma unidade de consumo; cada indivíduo, independentemente de seu sexo, pode obter os gêneros necessários à sua subsistência e efetuar as tarefas mínimas da vida cotidiana. Os vínculos de troca entre duas famílias são menos estreitos e não são ritualizados. Os empecilhos da proibição do incesto, que dão lugar em certas sociedades a regras de grande complexidade, estão reduzidos ao mínimo; nenhum cônjuge é prescrito e só um número limitado de casamentos são totalmente proibidos (pai ou mãe e filho, irmão ou irmã); outras interdições (tio e sobrinha, tia e sobrinho) podem ser suspensas por dispensa. Podemos até nos perguntar por que ainda nos casamos, diante do número de casais que vivem juntos, têm filhos, não pensam em se separar e não se casam ou se casam tardiamente. Poderíamos dizer, e é apenas uma brincadeira, que os defensores do casamento são aqueles que a ele não têm acesso, os sacerdotes católicos e os homossexuais; para os sacerdotes, o casamento seria o reconhecimento do direito a uma vida sexual; para os homossexuais, seria o reconhecimento da normalidade de sua sexualidade.

O casamento, sendo destinado a fundar uma família, implica necessariamente sexualidade. O vínculo entre a sexualidade e o amor é próprio apenas a um número limitado de sociedades, dentre as quais a nossa. Ali onde os casamentos eram decididos fora dos sujeitos e de seus sentimentos, o amor podia acontecer além disso, ou o ódio igualmente... Hoje, os casais se escolhem, o amor está no início e com freqüência se perde pelo caminho; o resultado, quanto à felicidade, nem sempre é convincente. A escolha do cônjuge combina afinidades de meio social, de educação e, como dissemos, correspondências entre mapas do terno. Resta que, na trajetória de uma vida mais longa que antigamente, cada um dos dois cônjuges evolui, e os dois nem sempre evoluem da mesma maneira.

Um adulto, na França, está livre para fazer o que quer em seu quarto de dormir com um parceiro adulto que consente. A lei só intervém se houver violência ou se se tratar de menor. O incesto não é perseguido como tal, o vínculo de parentesco é apenas uma circunstância agravante do estupro e das agressões sexuais. A sexualidade é menos "regulamentada" que em numerosas culturas ditas primitivas, em que a sexualidade fora do casamento em geral deve seguir as regras de proibição do incesto, quer se trate da sexualidade pré-marital, mais importante que em nossa cultura, ou da sexualidade extraconjugal, que nem sempre é permitida; e em que as modalidades das relações sexuais são definidas mais estreitamente que entre nós.

A monogamia inscrita na lei diz respeito às uniões simultâneas e não sucessivas, após lutos ou divórcios. O catolicismo proíbe até o divórcio. Na Índia, houve um costume que obrigava a viúva a se jogar na fogueira onde era incinerado o marido. No entanto, é preciso pactuar com "a tendência polígama profunda cuja existência podemos admitir em todos os homens[43]".

Essa tendência só raramente acarretou uma poligamia institucional; trata-se, na verdade, quando se fala de casamentos múltiplos simultâneos (*poligamia*) de *poliginia* (um homem casado e várias mulheres), a *poliandria* (uma mulher com vários maridos) sendo raríssima. Ali onde a poligamia é legal, as mulheres a ela se acomodam como podem. Primeira esposa e co-esposas às vezes se apóiam e se ajudam. Elas podem se odiar e procurar se

[43] Claude Lévi-Strauss, *Les Structures élémentaires de la parenté*, Paris, PUF, 1949.

prejudicar. A poligamia institucional acarreta uma rarefação das mulheres, e certos homens recorrem a uma homossexualidade oficial. Evans-Pritchard[44] estudou um *costume* entre os azandes do sul do Sudão nos tempos antigos: pegava-se um *boy-wife* no período em que se era guerreiro num batalhão de homens solteiros, pois os homens ricos e nobres haviam monopolizado as mulheres em grandes haréns; um homem tinha assim por companheiro um homem que satisfazia suas necessidades sexuais (o recurso ao adultério estava excluído porque era punido com muita severidade) enquanto não chegava o momento em que poderia se casar com uma mulher; a união homossexual era uma *união temporária*; a mulher-rapaz efetuava para seu marido as tarefas cotidianas destinadas às mulheres, e essa situação era considerada um período de *aprendizagem*.

Se olharmos à nossa volta, vemos bem que a poligamia é praticada *correntemente*, e até *oficialmente*: esposa legal e concubinas assistem juntas, com os filhos dos diversos leitos, às obséquias do parceiro que eventualmente ocupava uma posição social elevada. Alguns com isso se indignam, outros acham que é uma enorme abertura de espírito. Podemos portanto dizer que a poligamia não é legal, mas é corrente, e mais até, é oficial.

Para além do problema da poligamia, a vontade da sociedade de regulamentar a sexualidade pela lei, pela religião, pela moral, etc dá certo em certos pontos e fracassa em muitos outros. Há uma tensão constante entre o interdito e o desejo, pode-se até dizer que em alguns o desejo é alimentado pelo interdito. A transgressão às vezes conhece um fim trágico, às vezes é inteiramente tolerada.

A lei evoluiu em particular no que diz respeito aos filhos: os filhos naturais e os filhos adulterinos adquiriram direitos e começaram a escapar ao opróbrio que injustamente sofriam, pois não tinham culpa alguma do que os pais haviam feito. Os filhos nascidos do incesto permanecem numa zona de sombra.

A lei também evoluiu no que diz respeito ao divórcio, como se sabe. Se são pais, os cônjuges que se separam fazem com que seus filhos vivam

---

44 E. E. Evans-Pritchard, "Sexual Inversion Among the Azande", in *American Anthropologist, 72*, 6 de dezembro de 1990, 1428-1334.

uma experiência dolorosa, ainda que seja melhor se separar que se dilacerar. Muitos filhos vivem a um só tempo em duas famílias "recompostas".

Se fôssemos chucas

Começamos a sonhar. Como seria simples se fôssemos chucas, tais como Konrad Lorenz[45] os descreve! Esses pássaros pretos, espécie de corvo, se escolhem para a vida inteira (e vivem muito tempo) e são de uma fidelidade exemplar, sem casamento diante de juiz ou de padre.

Os seres humanos se torturam de múltiplas maneiras. A diferença sexual desempenha um papel, o ajustamento ao outro sexo supõe o encontro de duas sensualidades diferentes e de duas sensibilidades diferentes. Chegar a uma satisfação tão grande quanto possível supõe uma *intimidade* que só é atingida na interpenetração dos corpos e das almas. Isso quer dizer também que não é feito para a galeria e em praça pública.

Ouvi, durante a *Gay Pride*, homossexuais dizerem: "Queremos poder nos beijar na rua". Certo, casais heterossexuais se beijam na rua sem ser conspurcados, mas esses beijos públicos não são o que eles fazem de melhor e não anunciam a solidez de suas relações. A intimidade pertence por definição à esfera privada.

Alguns têm o gozo fácil. E no entanto ele os deixa com um sentimento de vazio, de despersonalização: fala-se da "pequena morte", diz-se que *post coitum animal triste*. Um desconhecido e uma desconhecida se vêem lado a lado, e a se perguntar o que estão fazendo ali. Ou então, o vivido de abandono foi tão forte que acarretou um apagamento dos limites do corpo e um medo de despersonalização.

O entendimento psíquico muda a natureza da experiência "de depois". Mas o entendimento psíquico só, sem a satisfação, não basta para criar um casal feliz. Encontramos a união da sensualidade e da ternura na sexualidade.

A vida cotidiana erode a paixão; ela precisa de tanta tolerância com as particularidades do outro, tanta paciência, fala-se de "compromisso". É pos-

---

45 Konrad Lorenz, *Il parlait avec les mammifères, les poissons, les oiseaux*, traduzido do alemão por Denise van Mppès, Paris, Flammarion, 1968.

sível imaginar Romeu e Julieta como casal velho, aos sessenta anos? É claro, existem Filemon e Baucis...

Existem, no funcionamento sexual dos seres humanos, estranhas coisas. Tal casal, feliz em sua vida sexual e cotidiana antes do casamento, se deteriora depois do casamento, que reativa os conflitos inconscientes e o complexo de Édipo.

É aqui que encontramos "os interditos neuróticos", que não são do mesmo registro que a proibição do incesto. Somos consultados talvez uma única vez em nossa vida por pacientes diretamente incomodados pela proibição do incesto; por exemplo esse casal constituído por um irmão e uma irmã que vivem juntos há muito tempo e têm filhos; eles viviam no exterior e gostariam de voltar para a França, e estavam contrariados por não poderem se casar e oficializar a situação de seus filhos. Somos diariamente consultados por pacientes porque não conseguem fazer amor com o parceiro ou o cônjuge, que não é nem consangüíneo, nem aliado, que em nada lhes é proibido pela lei. Ele lhes é neuroticamente proibido, em relação com o complexo de Édipo, porque se parece demais ou não o bastante com o pai ou a mãe, porque está ligado a conflitos dolorosos da vida. Entre o complexo de Édipo e a proibição social do incesto não há isomorfismo, mas uma articulação, a compreender entre o que está na origem da lei social e o que leva os sujeitos a aceitá-la, entre a ordem social e o que a imita, deformando-a nos interditos do supereu.

A aspiração de formar um casal engendra desamparo para os casais homossexuais, quando nenhum lugar está previsto para eles na organização social. O que pedem os homossexuais não é um estatuto especial, como o dos berdaches, dos hijras, etc. Não é um estatuto de terceiro sexo ou gênero, é participar do estatuto comum. A ternura que une os casais homossexuais talvez deva ser compreendida como uma necessidade de reparação em relação a uma falta em suas relações de infância com seus pais.

Elizabeth Moberly[46] emitiu, a esse respeito, uma interessante hipótese sobre a homossexualidade. Ela pensa que a busca de relações sensuais com

---

[46] Elizabeth R. Moberly, *Homosexuality: A New Christian Ethic*, Cambridge, Inglaterra, J. Clarke, 1983.

uma pessoa do mesmo sexo esconde uma busca do que chamo ternura. O homossexual sofre de um distúrbio do apego em relação à figura parental de mesmo sexo. Às vezes foi dito a propósito do homossexual macho que o pai estivera ausente demais de sua vida e a mãe presente demais (o que também se diz dos transexuais machos). Moberly é mais sutil e sublinha que o pai pode ter estado presente e ter feito tudo o que podia por seu filho, mas o filho viveu uma carência, o que ele recebeu de seu pai não lhe pareceu suficiente. Moberly pensa que só podemos ajudar um homossexual se repararmos sua relação com a figura parental de mesmo sexo. Essa posição me pareceu original e em acordo com a minha própria experiência clínica.

O homem e a mulher tendem à união, e tantos obstáculos os separam dela. A diferença e a complementaridade de seus órgãos genitais os aproximam, os intrigam, os inquietam. É um outro a ser descoberto. O vivido do corpo próprio não é um ponto de apoio para a compreensão. Imaginamos sem dificuldade que o homossexual pensa entender melhor seu parceiro por sentir em seu corpo o que o parceiro sente. No entanto, parceiros de sexos diferentes também podem chegar a se identificar com o outro, sem se sentirem ameaçados em sua identidade, e ser atentos ao que se passa no outro, ao que pode satisfazer seus desejos. Não se pode falar de um casal feliz sem o respeito de cada um enquanto sujeito autônomo com desejos próprios a serem levados em conta.

6

Errâncias do sexo

Dizem que as pessoas felizes não têm história; o relato da felicidade não interessa, não excita. O que é que excita? A pulsão em sua intensidade, sua "violência fundamental"? A pulsão erótica ou a pulsão destruidora? Um dos autores que mais falou da "excitação sexual", Robert Stoller, diz: "Não sei o que é a libido", com mais forte razão, o instinto de morte[1]. No entanto, ele fala da *hostilidade* incluída na excitação. Talvez seja uma outra maneira de falar do equilíbrio a ser atingido entre Eros e Tânatos. Não somos governados por pulsões que vão direto ao objetivo. Doravante dissociada da finalidade da procriação, a pulsão sexual erra com toda a sua força em busca de sua satisfação. Ela a encontra com o outro ou contra o outro.

Para excitar, existem produções (livros e filmes) ditos *eróticos* e produções ditas *pornográficas*. Onde está a fronteira entre o erotismo e a pornografia? Pôde-se dizer que a pornografia de hoje era o erotismo de amanhã.

Existe um salto entre o imaginário e a realização? O imaginário prepara a realização, ou permite economizá-la?

Evoca-se uma outra fronteira que separa as experiências relativas a sujeitos que consentem e sujeitos que não consentem. Essa fronteira evocada por Stoller para as práticas sadomasoquistas se aplica à prostituição?

Produto da história pessoal, a errância do sexo dificilmente mantém o respeito pelo outro. Tudo aí se degrada: o homem, a mulher sobretudo até

---

1 Robert J. Stoller, *Pain & Passion, A Psychoanalyst Explores the World of S & M*, New York e Londres, Plenum Press, 1991.

sua escravidão pelo homem, a sexualidade. No lugar do casal tomam lugar a troca e os atos sexuais a vários, no lugar da intimidade o voyeurismo e o exibicionismo.

Para falar dessas errâncias, não se pode poupar-se do termo *perversão*, que no entanto cria dificuldades.

A primeira, a mais importante das dificuldades do conceito de perversão é sua conotação depreciativa. A segunda é a distinção entre perversão e perversidade, às quais correspondem, em francês, um único adjetivo: pervers*o*. A terceira é o problema da relação entre fantasias perversas e atos perversos. A quarta é o vínculo com a cultura; não se pode dar uma definição universalmente válida da perversão. A quinta é que em geral se fala de perversão a respeito dos homens; como ocorre a perversão nas mulheres?

Perversão, rejeição, pecado

Pervertere em latim quer dizer "derrubar, revirar". A perversão é um "desvio", uma "mudança para pior" (Petit Robert), "uma mudança do melhor para o pior, uma degradação" (Lanteri-Laura[2]). O termo está infiltrado de condenação moral, de rejeição.

A rejeição está ausente do pensamento de Freud. Nisso ele era revolucionário em relação ao século que o precedera. Para ele, a sexualidade perversa pertencia à sexualidade humana. O que lhe permitia chegar a essa conclusão era sua concepção fundamentalmente baseada no desenvolvimento da sexualidade. A criança descobre sucessivamente diferentes zonas erógenas (oral, uretral e anal, genital); ela as explora, as manipula, elas são fontes de prazer. Ela também tem prazer em se mostrar e em buscar ver como os outros são feitos. Fica intrigada com as relações dos adultos entre eles; tenha ou não conseguido ver o que se passa entre os pais, ela disso constrói uma fantasia sadomasoquista a partir do que ela vive em seu corpo e observa eventualmente nos animais, o que chamamos a "cena primitiva". Freud reconhece mais tarde que a sexualidade da criança é menos ex-

[2] G. Lanteri-Laura, *Lecture des perversions: Histoire de leur appropriation médicale*, Paris, Masson, 1978.

clusivamente auto-erótica do que ele havia pensado em 1905; mas ela não comporta relações sexuais completas com intromissão do pênis e possibilidade de fecundação. Na adolescência, quando as relações sexuais completas se tornarão possíveis, a natureza da relação com o outro vai mudar. A sexualidade vai estar doravante sob o primado da zona genital e da relação com o objeto. Os elementos sádicos e masoquistas da infância deverão ser integrados na relação com o outro.

A criança é dita por Freud *perversa polimorfa*, porque, nas etapas normais de seu desenvolvimento, se manifestam pulsões parciais e tendências que são encontradas em todos os adultos perversos sexuais, e que Freud interpreta como uma fixação ou uma regressão à infância. A sexualidade perversa não é outra coisa senão a sexualidade infantil aumentada e decomposta em suas tendências particulares.

Só que certas crianças são mais "perversas" que outras. As manifestações não são discretas. O que pensar desse menino de seis anos, que, durante a primeira consulta, desenha um menino chupando a xoxota de uma menina? E ficamos sabendo que é assim que ele trata as meninas de seu prédio. O que pensar dos meninos (excepcionalmente meninas) que torturam animais, domésticos ou não? Esse sadismo atuado da infância é de má qualidade; é encontrado, com certa freqüência, na anamnese dos adultos que cometeram atos sexuais violentos[3].

"Nenhuma pessoa saudável deixa provavelmente de juntar ao objetivo sexual normal um suplemento qualquer, que podemos qualificar de perverso, e esse traço geral basta em si mesmo para denunciar o absurdo de um emprego reprovador do termo perversão[4]". Freud fala de normalidade, mas ele a define como o mais alto ponto do desenvolvimento, e não qualitativamente como um modo de ser ou uma sexualidade diferentes.

---

[3] C. Balier (ed.), com André Ciavaldini e Martine Girard-Khayat, *Rapport de recherche sur les agresseurs sexuels*, Paris, Direction générale de la santé, 1997.

[4] S. Freud, *Trois Essais*, trad. franc. 1987, p. 73; *GW, 5*, p. 60; *SE*, 7, p. 160. (Aqui e na bibliografia, para as obras de Freud, damos a referência do texto em francês, seguida de referências na edição em alemão *Gesammelte Werke (GW)*, e em inglês, *Standard Edition (SE)*).

A intervenção das diversas zonas erógenas faz parte dos prazeres ditos "preliminares", por exemplo o beijo (que aliás não é praticado em todas as culturas). Freud é particularmente revolucionário ao considerar que toda forma de coito pode tomar lugar no interior da vida sexual de um casal se ela não for uma condição rígida e exclusiva do prazer e se ela reconhecer e respeitar a alteridade do outro, seus desejos, sua pessoa (primado da relação com o objeto). A perversão começa com a exclusividade, a rigidez, o não respeito pelo outro, a exigência de sua submissão sem condição. Falando estritamente, só merece o nome de perversão "a sujeição do objeto às sevícias que lhe são infligidas[5]".

Ao termo sodomia são associadas a homossexualidade e a violência. Diz-se sodomia para designar o coito anal em geral, mas ela deveria ser usada apenas se houver violência.

Sade[6], em seus textos, associa homossexualidade, pedofilia, incesto, coprofagia[7] e exprime o horror que lhe inspira o sexo feminino. Eis o que é prescrito às mulheres presas no castelo dos *120 dias de Sodoma*[8]: "Vós sentis [...] todo o risco que existe em refrescar a cabeça de um libertino que, suponho, só esperaria uma bunda para sua descarga e ao qual viriam imbecilmente apresentar uma boceta. Em geral, oferecei-vos muito pouco pela frente; lembrai-vos de que essa parte infecta que a natureza formou apenas em desvario é sempre aquela que mais nos repugna". "Oferecei-vos" é uma maneira

---

[5] S. Freud, *Trois Essais*, texto de 1915, trad. franc. 1987, p. 69; *GW, 5*, p. 57; *SE, 7*, p. 158.

[6] Fala-se constantemente de sadomasoquismo, pois o sádico supõe um masoquista que aceita ser maltratado, e também porque a mesma pessoa ocupa sucessivamente as duas posições. Mas só podemos nos associar a Gilles Deleuze quando ele escreve em seu Prefácio à *Apresentação de Sacher-Masoch*: "Mal começamos a ler Masoch, sentimos bem que seu universo nada tem a ver com o universo de Sade" (p. 11). O que se segue se aplica ao universo de Sade e não ao de Masoch.

[7] Há tanta merda e coprofagia em *Os 120 dias de Sodoma* que mesmo o biógrafo de Sade, Gilbert Lély, que escreve sua apologia tanto quanto sua biografia, fica desanimado e acaba falando do "lugar monstruosamente exagerado" que lhes é dado.

[8] Sade, *Les 120 journées de Sodome, ou l'école du libertinage*, Paris, 10/18, 1998, pp. 72-73.

de falar, pois não há nenhuma liberdade e somente obrigação e punições em caso de desobediência: "Imaginem que não é nem um pouco como criaturas humanas que vos olhamos, mas unicamente como animais alimentados para o serviço que deles se espera e que são esmagados quando se recusam a esse serviço". Aliás, o que está em questão sob a própria pluma de Sade é a "perversidade".

A educação e talvez o desenvolvimento por si mesmos constroem barreiras de pudor e de nojo. Se não se tornarem mais maleáveis, a vida sexual não é muito feliz. *Inter feces et urinas nascimur*, nascemos entre as fezes e a urina. O sexo feminino se encontra entre o orifício urinário e o orifício anal, e dele escorre o sangue das regras. O pênis emite a urina e o esperma.

Mas romper essas barreiras como é feito nas práticas sadomasoquistas é desconstruir o corpo, os limites entre o dentro e o fora. É também destruir o valor de sinal que a dor pode ter na proteção contra a agressão e o perigo.

Stoller[9] desenvolve com grande eloqüência a conotação de rejeição guardada na palavra perversão: "Perversão é tão pejorativo. Ela empesta o pecado, a acusação, a vindita e a virtude. [...] Não há muita coisa na palavra a não ser o insulto: hostilidade que visa humilhar e subjugar outro. Enquanto rótulo, foi um instrumento poderoso de que a sociedade fez uso para transformar aqueles que são diferentes naqueles que são ruins".

Ele propõe ligar atividade perversa e pecado: "Todos sabem que o conceito de pecado está no cerne da palavra *perversão*. [...] Talvez não seja científico crer no pecado, mas tampouco é científico acreditar que as pessoas não crêem no pecado. [...] *A atividade é perversa*, direi, *se a excitação erótica depender do sentimento de que estamos pecando*[10]".

Sade decerto tinha esse sentimento, ao falar de impureza e ao se proclamar libertino. Ser libertino tal como ele o concebia está bem afastado do que muitos de nós chamaríamos "liberdade de pensar", fruto de um trabalho interior por não ter mais necessidade de se proteger pela religião do medo da morte, entre outros. Sade entendia vilipendiar os símbolos religiosos, por exemplo ao querer que uma moça fizesse uma lavagem e a jogasse depois

---

9 Robert J. Stoller, *L'Imagination érotique telle qu'on l'observe*, Paris, PUF, 1985, p. 20.

10 *Ibid.*, p. 23, itálicos do autor.

sobre um crucifixo, e não se trata de fantasias dando lugar à literatura, mas de um fato relatado por uma mulher e que fazia parte de um conjunto de sevícias das quais ela deu queixa, o que levou à condenação e à prisão de Sade.

Em Stoller, o sentimento de pecar parece a um só tempo menos brutal e menos grotesco. Trata-se de "machucar", de "magoar alguém", de humilhar essa pessoa para tentar anular as humilhações da infância, transformá-las em triunfo. A perversão está ligada à história do sujeito, assim acessível a uma conscientização e a uma tentativa de modificação. Sade reconhece bem algo ligado à sua existência (história) e algo ligado à sua "organização" (constituição), ele duvida da possibilidade de uma mudança, sobretudo ele não quer ouvir falar de mudar: "Existem certos sistemas que dão importância excessiva à existência, sobretudo quando os sugamos com o leite, para que nunca seja possível a eles renunciar. [...] Os modos não dependem de nós, eles têm a ver com a nossa construção, a nossa organização[11]". "Minha maneira de pensar é fruto de minhas reflexões; ela tem a ver com a minha existência, com a minha organização. Não sou dono para mudá-la; ainda que fosse, não o faria[12]".

A distinção entre perversão e perversidade é uma questão constantemente levantada e nunca resolvida. Perversão sexual remete à idéia de gozo sexual, perversidade ao exercício de uma pura destrutividade em relação a outro. Mas, quando o objeto graças ao qual é obtida a satisfação sexual é rebaixado, sujeitado às sevícias que lhe são infligidas, segundo a fórmula de Freud, fetichizado, desumanizado, a aberração, o desvio, a errância se limitam à sexualidade?

Embora com a preocupação de eliminar toda condenação moral *a priori*, é difícil eliminar o termo perversão. Joyce McDougall utilizou o termo *neo-sexualidades*; assim fazendo, ela se afasta da concepção da perversão como "simples regressão", o que era a posição de Freud, e também como "desvio"; ela quer "ressaltar a dimensão novadora dessas invenções eróticas"[13]. Outros

---

[11] Trecho de uma carta citado por Lély, *La Vie du marquis de Sade*, Paris, Jean-Jacques Pauvert e Garnier, 1982, pp. 339-340.

[12] *Ibid.*, p. 348.

[13] Joyce McDougall, "L'addiction à l'autre: réflexion sur les néo-sexualités et la sexualité addictive", *in* A. Fine, A. Le Guen, A. Oppenheimer (eds.), *Les Troubles de la sexualité*, Monographies de la *Revue française de psychanalyse*, Paris, PUF, 1993, p. 147.

conservam o termo perversão, embora sublinhem que se abstêm de julgamento moral. É o caso de Estela Welldon, que escreveu um livro notável sobre a perversão na mulher[14]; ela prefere o termo perversão a "desvio", que implica apenas uma anomalia estatística; é uma entidade clínica na qual o indivíduo não se sente livre para conseguir uma satisfação sexual genital, está submetido a uma atividade compulsiva em que a hostilidade inconsciente predomina.

Homens e mulheres diante da perversão

Um lugar central é dado ao fetichismo na teoria psicanalítica das perversões sexuais. Ao mesmo tempo, as perversões sexuais são o apanágio dos homens. O fetichista só pode chegar ao orgasmo em presença do fetiche, que é um representante do pênis que a mãe, a mulher, não tem; o sujeito percebeu bem na infância que a mãe não tinha pênis, o que havia desencadeado uma intensa angústia de castração, mas ele tentara negá-lo ao criar um fetiche. Quis-se descrever um fetiche na mulher[15], que seria o representante não do pênis da mãe, mas do pênis do pai, mas não é convincente.

Da mesma forma, os sadomasoquistas são na maioria homens. Assim, em sua pesquisa "antropológica" com aqueles que organizam e freqüentam casas de *Bondage and Discipline*[16], Stoller[17] conta que a clientela que recorre aos serviços dessas casas é quase exclusivamente masculina.

Por que uma metade da humanidade, a metade masculina, seria só ela perversa ou mais perversa que a outra?

Stoller pensa encontrar uma causa disso na problemática particular do menino, que teve de se separar de sua mãe e que experimenta uma "angústia

---

[14] Estela V. Welldon, *Mother, Madonna Whore. The idealization and denigration of motherhood*, New York, London, Guilford Press, 1988, 2ª ed., 1992.

[15] George Zavitzianos, "The perversion of fetishism in women", in *Psychoanalytic Quarterly, 51*, 1982, pp. 405-425.

[16] *B & D, Bondage and Discipline*: amarrar e disciplinar (obedecer e ser chicoteado).

[17] R. J. Stoller, *Pain & Passion, A Psychoanalytic Explores the World of S & M.*, New York e Londres, Plenum Press, 1991.

de simbiose ou de fusão" com a mãe, contra a qual ele se defende pela perversão. A perversão, lembremos, comporta sempre uma depreciação da mulher.

A afirmação de que as perversões sexuais são essencialmente masculinas deve ser nuançada: os fetichistas, os sadomasoquistas encontram parceiras que se submetem às suas práticas; ainda que elas não as iniciem, elas aceitam seu lugar no "roteiro perverso".

Sobretudo, se a perversão existe na mulher, ela deve ser buscada em outra parte. Foi Estela Welldon quem melhor mostrou isso. A perversão na mulher se exprime através de todo o corpo (anorexia, bulimia, automutilação) e através do abuso da criança. O objetivo não é o mesmo: no homem, a perversão é dirigida para um objeto parcial externo; na mulher, para seu próprio corpo ou para objetos que ela considera sua criação, os bebês, tratados como objetos parciais. Enquanto os homens se afirmam no espaço exterior, é preciso considerar a importância do "espaço interior" na mulher, que tem bem mais realidade que o pênis faltante; esse espaço interior é o da gravidez e da procriação, da amamentação, são todas as partes da anatomia feminina associadas com a plenitude, o calor, a generosidade.

É nesse nível que a mãe pode maltratar seu filho. Janine Chasseguet-Smirgel mostrou, ao longo de sua obra[18], o papel da mãe no menino futuro perverso, que ela excitava e seduzia embora ele fosse sexualmente imaturo.

A menina abusada por sua mãe repete essa agressão, em particular na prostituição. A menina vítima de maus-tratos maternos, de abuso sexual, de incesto, que se torna prostituta, tem direito a toda nossa simpatia.

Prostituição

A importância da sexualidade é tal que os homens a compram, em condições em que com freqüência só a exigência sensual é satisfeita e a ternura, ausente ou mínima; o que é essa necessidade irreprimível? Os homens pagam e as mulheres aceitam, sob pressão manifesta ou sem pressão aparente (mas será preciso discutir o que é o consentimento na prostituição), vender

[18] Janine Chasseguet-Smigerl, *Éthique et esthétique de la perversion*, Seyssel, Éditions du Champ Vallon, 1984.

seu sexo, uma parte íntima de si mesmas, a uma sucessão de homens; por que caminhos as mulheres conseguem viver essa "prostituição da sexualidade[19]", essa sexualidade degradada?

Encontramos um dos *leitmotivs* deste livro: a assimetria entre os homens e as mulheres, a valência diferencial dos sexos. Com efeito, se a prostituição diz respeito aos homens e às mulheres, são sobretudo mulheres que são prostitutas, ainda que hoje, em certos lugares, um terço das pessoas prostituídas sejam homens[20]; são sobretudo homens que são proxenetas, ainda que existam donas de bordéis. São quase exclusivamente homens que são clientes; alguma mulheres recorrem a um gigolô ou a um *scort* masculino, mas não há homens que se oferecem às mulheres na rua, nem comumente bordéis de homens para mulheres, embora os Bulgugh mencionem um, aberto em Hamburgo em 1972[21].

Além da dupla moral, a assimetria dos dois sexos na prostituição decorre, certo, da "diferença sexual". Se a mulher pode "transar" cem vezes por dia nas "casas de tolerância" (não é necessário que ela experimente desejo ou prazer), o homem não pode dar "cem trepadas" por dia (ainda que alguns atores pornôs se vangloriem de ter ereção quando querem, o tamanho do período refratário intervém); um bordel de homens oferecidos às mulheres

---

[19] Kathleen Barry, *The Prostitution of Sexuality*, New York, New York University Press, 1995.

[20] *Cf.* L'enquête de Weltzer-Lang *et al.* em Lyon. Daniel Welzer-Lang, Odette Barbosa, Lilian Mathieu, *Prostitution: les uns, les unes et les autres*, Paris, Métailié, 1994. Os homens que se prostituem não ficam presos nas teias do proxenetismo da mesma maneira que as mulheres. A maioria se prostitui "como mulher". Alguns têm distúrbios importantes da identidade sexuada e se prostituem para se convencer de que são mulheres, e não apenas para ganhar dinheiro para a intervenção, como afirmam (a intervenção é atendida pela assistência social na França...).

[21] Vern e Bonnie Bullough mencionam um bordel de prostitutos homens para clientes mulheres aberto em Hamburgo em 1972 e chamado *A casa amarela*. Quando foi publicado o anúncio para o recrutamento do pessoal, uns 1600 homens foram candidatos... Nenhuma outra indicação é dada sobre o funcionamento e o devir desse bordel de homens oferecidos a mulheres. Ver Vern L. Bullough, Bonnie Bullough, *Women in Prostitution: A Social History*, New York, Meridian, 1987, p. 302.

não poderia ter o mesmo rendimento e ser uma empresa financeira tão rentável. O desejo do homem é diferente; "a urgência de paus duros", segundo a expressão de Stoller, é reconhecida como irreprimível e legítima. O desejo da mulher se acompanha de mais "romance" e foi durante muito tempo negado, ou reconhecido apenas para ser reprimido (o que chegou até as mutilações sexuais da mulher: é preciso excisar o clitóris fonte de prazer).

Como, em sua alma, uma mulher consegue suportar ser vendida ou vender-se como mercadoria sexual? Podemos fazer o exercício de imaginá-lo; não se trata apenas de transpor as barreiras de pudor e de nojo edificadas pela educação. Kathleen Barry, a partir de todos os testemunhos recolhidos durante muitos anos junto a prostitutas de todos os países, fala das quatro etapas de desumanização que a mulher ultrapassa; distanciamento em relação a si mesma, à sua identidade; desengajamento emocional: ela tem de se esforçar para não sentir mais nada; dissociação: ela não passa de três buracos nos quais os homens se esvaziam; desencarnação e simulação: cortada de seu corpo, ela desempenha o papel que dela se espera e finge experimentar sensações e sentimentos. As prostitutas são chamadas em vietnamita "moças de entranhas rasgadas[22]". É fácil imaginar que as mulheres possam ter necessidade de álcool ou de drogas para suportar o que vivem; há também as drogadas que a necessidade de dinheiro para pagar a droga faz entrar na prostituição[23]; mulheres acabam tocando o fundo do desespero. Aquelas que se tornam destroços, sem domicílio fixo e na miséria, foram com freqüência vítimas de abusos sexuais e de incesto na infância. As prostitutas temem constantemente ser agredidas, e algumas acabam assassinadas. As imigrantes, que foram falaciosamente enganadas, estão particularmente em perigo. Há um tráfico considerável de mulheres do Extremo Oriente e dos países há pouco atrás da cortina de ferro[24].

---

[22] Nguyên Du (XIXe siècle), *Kim Vân Kiêu*, trad. franc. por Xuân-Phuc e Xuân-Viet, Paris, Gallimard/Unesco, Connaissance de l'Orient, 1961.

[23] Kai Hermann, Horst Rieck (testemunhos recolhidos por) (1978), Christiane F., *Moi, Christiane F., 13 ans, droguée, prostituée...*, préfácio de Horst-Eberhard Richter, trad. franc. por Léa Marcou, Paris, Mercure de France, 1981, Folio, 1982.

[24] *Cf.* Claudine Legardinier, *La Prostitution*, Toulouse, Milan, coll. "Les essentiels", 1997.

Por que caminhos de vida uma mulher acaba se prostituindo? A distinção entre prostituição *livre* e prostituição *forçada* não é aceitável. É um engodo para a mulher acreditar-se livre se foi conduzida a se prostituir por uma infância de maus-tratos, pela pobreza, pela falta de emprego, até na ausência de proxeneta. Na verdade, a maioria das mulheres prostituídas está sob o controle de um cafetão (o que não é o caso dos homens prostituídos) e submetida à mais extrema violência caso tentem escapar ao cafetão e largar a prostituição. É um engodo dizer que uma prostituta dá livremente seu dinheiro a um homem: "E se me agrada ser espancada?". O "consentimento" dado a um "rufião" que a seduziu, por ela é amado, lhe prometeu mundos e fundos, é um consentimento livre e esclarecido, um consentimento simplesmente?

Gail Pheterson[25] é certamente simpática e generosa, mas não podemos segui-la quando defende o direito das mulheres de se prostituir, de fazer com que reconheçam a prostituição como uma profissão ao mesmo título que qualquer outro ofício. Gail Pheterson tem razão de querer que se reconheça uma pessoa humana na prostituta, mas vender o corpo não é um ofício como um outro. É uma prostituição da sexualidade, uma degradação da mulher, uma escravidão da mulher, o que Kathleen Barry denunciou desde seu primeiro livro, em 1979.

A prostituição é com razão denunciada como a forma maior de exploração sexual da mulher pelo homem, exploração pelo proxeneta, mas também pelo cliente. Para responder a que necessidades um homem recorre à prostituição? Quem são os clientes das prostitutas?

Há duas gerações, na França, a maioria dos rapazes não vai mais fazer sua "iniciação" no bordel[26], o que resulta a um só tempo de uma transforma-

---

[25] Gail Pheterson (ed.), *A Vindication of the Rights of Whores*, Seattle, The Seal Press, 1989. Ver também Gail Pheterson, *The Prostitution Prism*, Amsterdam, Amsterdam University Press, 1996. Gail Pheterson co-dirige o *International Committee for Prostitutes' Rights (ICPR)*, "Comité internacional para os direitos das prostitutas", que reúne pessoas prostituídas e não prostituídas para defender a profissão de "trabalhadores do sexo". Ela é, no momento em que escrevemos, mestre de conferências na Universidade de Amiens.

[26] Alfred Spira, Nathalie Bajos e o grupo ACSF, *Les Comportements sexuels en France*, Paris, La Documentation française, 1993.

ção da vida sexual dos adolescentes e do desaparecimento da dupla moral sobre esse ponto. Existem poucos pais recalcitrantes o bastante para se opor a essa tomada de liberdade dos adolescentes; se o fazem, o resultado em geral é uma ruptura entre os filhos e eles. Adolescentes, rapazes e moças, descobrem então a sexualidade juntos. São poucos os rapazes que recorrem a uma prostituta. Entre eles, conheci muitos doentes, incapazes de estabelecer um vínculo com uma moça de seu meio.

Existem homens que são impotentes com as mulheres que eles estimam e respeitam, a exemplo da mãe e das irmãs, e só conseguem cumprir o ato sexual com prostitutas. É uma realidade clínica cuja importância Freud viu bem para a compreensão da psique; a clivagem entre a *madona* e a *puta* está sempre prestes a surgir ou ressurgir no homem. Mas não são os clientes mais numerosos das prostitutas.

A situação em nossa cultura não é o que foi em outras partes e antigamente, em que o adultério era tão severamente punido que acarretava o recurso a uma prostituta no homem solteiro a contragosto (idade do casamento, poligamia em que certos homens monopolizam as mulheres) ou no homem casado insatisfeito. Pôde-se considerar que as prostitutas desempenhavam um papel no equilíbrio da sociedade ao manterem a paz social e a paz nos lares. "Vá ver uma puta", diz a mulher que acha as exigências sexuais de seu marido excessivas. Ela diz isso, não é evidente que ela não lhe reprovará isso se ele obedecer à sua sugestão e for de fato ver as putas.

O apetite polígamo do homem se satisfaz recorrendo a uma prostituta ocasional ou regular. Ou as prostitutas lhe trazem "satisfações especiais" que ele não ousaria pedir à sua mulher, ou que ela lhe recusou, felação, coito anal, práticas sadomasoquistas. Perversão e prostituição estão implicadas. Na prostituição, os beijos não fazem parte do contrato, em que cada parte do corpo, cada buraco, cada "especialidade" são tarifados.

Considera-se legítimo que os homens separados da mulher por estarem incorporados no exército ou pela migração econômica recorram a prostitutas. Bordéis militares são organizados. Os operários migrantes são os clientes das "casas de tolerância", onde dispõem apenas de alguns minutos para "esvaziar". Certos clientes encontrados por Welzer-Lang e seus colaboradores[27] evocam a necessidade "de esvaziar os colhões", "de achar um buraco", "de descarregar". É "uma masturbação de macho num corpo de fêmea"[28]. Não há aí lugar para nenhuma relação humana, nenhuma ternura.

É diferente com os clientes regulares. E certas prostitutas "reivindicam um lugar de terapeuta, um estatuto de auxiliar em melhor viver, um papel de quase assistente social[29]". Certo, existe por toda parte uma hierarquia na prostituição, indo do mais baixo, a *pornè* da Grécia antiga, a prostituta das "casas de tolerância" de nossos dias, ao mais alto, a hetera grega, a cortesã ou a cocote dos séculos passados, a gueixa japonesa, a acompanhante. Mulheres elevaram-se assim na hierarquia social e se casaram com personagens importantes. É a respeito delas que se fala de "carreira[30]": a prostituição é uma carreira quando dela se sai por uma ascensão.

A industrialização da prostituição, o tráfico de mulheres, o que se passa na Tailândia, nas Filipinas e em outras partes, o turismo sexual destinam mulheres a uma miséria psíquica extrema. E só parecemos nos indignar quando se trata de crianças. Acima de uma certa idade, as mulheres são reputadas ter consentido em fazê-lo, embora tenham sido enganadas sobre o destino que as esperava.

A sociedade não pode ignorar a prostituição, nem que seja como um problema de saúde pública, o da difusão das doenças venéreas, ontem blenorragia e sífilis, hoje a temível AIDS (há clientes que querem sexo sem proteção). O problema de saúde pública conduziu certos países, a França há pouco, atualmente a Alemanha, à *regulamentação*. Não é evidente que a regulamentação resolva o problema de saúde pública; por outro lado, ela constitui um reconhecimento oficial da prostituição e tranca em seu destino as mulheres que foram uma vez registradas. Os Estados Unidos renunciaram à *proibição* (pelo menos em certos estados), para a prostituição como para o

---

[27] Daniel Welzer-Lang, Odette Barbosa, Lilian Mathieu (1994), *Prostitution: les uns, les unes et les autres, op. cit.*, p. 126.

[28] Hanna Olson, citada por Kathleen Barry, *op. cit.*, p. 34.

[29] Welzer-Lang *et al.*, *op. cit.*, p. 166.

[30] Alain Corbin, *Les Filles de noce*, Paris, Aubier-Montaigne, 1978, Format de poche: Paris, Flammarion, 1982. Laure Adler, *La Vie quotidienne dans les maisons closes 1830-1930*, Paris, Hachette, 1990.

álcool, pelas mesmas razões de ineficiência e de dominação pelo meio criminoso. A solução atual na França, de *abolição da regulamentação*, comporta falhas; ela descriminaliza a prostituição para as pessoas prostituídas; mas ela chega senão a um reconhecimento legal da prostituição, pelo menos a um reconhecimento de fato através das multas infligidas pela polícia por *abordagem de clientes* (a *abordagem*, não a prostituição, é proibida) e pelos impostos de renda cobrados das prostitutas (mas elas não têm cobertura social)... O proxenetismo é condenado pela lei; alguns pedem que os clientes também o sejam.

A resignação diante da existência quase universal da prostituição é expressa até por autores que, como os Bullough, denunciaram o destino sofrido pela mulher como "sexo subordinado"[31] e a dupla moral. Houve um tempo em que não se imaginava que a escravidão ou o *apartheid* desapareceriam (ainda não desapareceram totalmente, mas etapas decisivas foram transpostas). Existem feministas que fazem uma análise política da prostituição como conseqüência do poder sexual masculino e pensam a luta necessária para fazer com que às mulheres sejam reconhecidos direitos humanos que lhes são negados na prostituição. A mudança de estatuto da mulher já acarretou e acarretará sempre mais uma mudança nos modos. A desculpabilização da masturbação, a redução da iniciação do homem no bordel pela evolução da sexualidade adolescente são exemplos de vias pelas quais a satisfação da sexualidade pode ser encontrada no respeito pela mulher. A prostituição nunca respeita a dignidade da mulher.

No entanto, continua-se a apresentar a prostituição como um ofício[32], "o mais velho ofício do mundo". O mais *velho*? Muitos outros ofícios são tão velhos. Mas sobretudo é *um ofício*, um ofício como outro? Esse *comércio* não deve ser proibido enquanto *comércio do corpo humano* (embora o comércio do corpo humano não seja proibido em todos os países)? Certas feministas, como Gail Pheterson, dissemos, pensam que a prostituição pode

---

31 Vern Bullough, assistido por Bonnie Bullough, *The Subordinate Sex, A History of Attitudes toward Women*, Urbana, University of Illinois Press, 1973.

32 Laure Adler (1990), *La Vie quotidienne dans les maisons closes 1830-1930, op. cit.*, p. 12.

ser um ofício e reclamam o respeito pelos direitos das pessoas prostituídas numa organização outra que a prostituição, e não em seu desaparecimento.

Objeções expressas sob formas concretas fazem ressaltar os paradoxos de querer considerar as prostitutas como "trabalhadores do sexo". Assim, Lydia Bragiotti, animadora do "ônibus das mulheres" em Paris, diz: "É um ofício porque se aprende, mas não é um ofício porque ninguém gostaria de que a filha o exercesse[33]". Ou ainda, observam: "Se a prostituição deve se tornar um ofício, será preciso em boa lógica propô-la nas ANPE* e organizar formações. Estamos dispostos a assumir tais escolhas[34]?".

Vemos, pois, se defrontarem duas posições: uma em que a prostituição é considerada um atentado à dignidade da pessoa prostituída e um aviltamento da sexualidade, um atentado aos direitos humanos das mulheres; a outra em que se afirma que é possível prostituir-se na dignidade, que basta organizar a profissão de modo que as pessoas prostituídas tenham os mesmos direitos que todos os outros trabalhadores. O ponto de acordo é a recusa de estigmatizar a pessoa prostituída, que é uma mulher que vive sob ameaça, sofrendo, lutando para criar os filhos, particularmente desprotegida diante da velhice. O ponto de desacordo se refere ao fato de se estigmatizar ou não a prostituição *per se*.

Na luta contra o proxenetismo, chegamos a uma situação tal que aqueles que querem ajudar uma prostituta a sair disso são bem rápido taxados de proxenetismo; não se pode alugar um apartamento para uma prostituta, alojá-la, sem ser suspeito de proxenetismo, o que torna problemática a tentativa de escapar a esse destino. E inversamente, os proxenetas poderosos, os membros do meio e da máfia, escapam às condenações.

Nosso mundo oferece, nesse campo como em outros, o espetáculo de poucos homens e mulheres que se dedicam a ajudar mulheres e homens a saírem da prostituição, ao passo que outros, mais poderosos pelo dinheiro e pelas relações, tecem as teias nas quais espreitam e prendem suas vítimas.

---

[33] Citada por Weltzer-Lang *et al.*, *op. cit.*, p. 9.

* Agência Nacional para o Emprego. (NT)

[34] Mouvement du Nid, *Prostitution et Société: Cent questions pour comprendre*, 1987, p. 5.

Pornografia

É sob a forma "O pornógrafo" que o termo aparece em francês sob a pluma de Restif de La Bretonne em 1769, com o sentido etimológico de "autor que escreve sobre a prostituição". O sentido contemporâneo é diferente.

Seja qual for o suporte escolhido (escrita, imagem, filme, minitel, Internet, etc), a pornografia consiste em "um material sexual explícito que foi produzido e que é utilizado com a intenção de suscitar uma excitação erótica". Nem todo material sexual explícito tem essa visada; por exemplo, os livros de educação sexual querem ser unicamente informativos. Qualquer coisa pode suscitar uma excitação erótica e ser utilizada de maneira pessoal como pornografia. Deve-se precisar ainda mais o conteúdo desse material.

Podemos tentar esboçar uma fronteira entre o erótico e o pornográfico. O erótico não recorreria de maneira privilegiada à homossexualidade, ao incesto e ao que Freud chama as pulsões parciais: orais, anais, voyeuristas/exibicionistas, sádicas/masoquistas, pulsões parciais não submetidas ao primado da zona genital e da relação com o objeto, o que o pornográfico faz. O erótico não veicularia uma visão aviltante das mulheres e das crianças que devem estar a serviço dos homens, o que o pornográfico faz. A carga de hostilidade, de destrutividade não seria a mesma; como diz Stoller: "Se não há vítima, não há pornografia[35]". E Stoller ainda lembra que uma dinâmica essencial da pornografia é a hostilidade; a excitação sexual não pode existir, sobretudo nos homens, sem uma certa brutalidade, hostilidade. Deve-se lembrar que, quase sempre, os consumidores comuns da pornografia são homens e que a pornografia que as mulheres consomem são os romances água com açúcar, que alimentam sua excitação sexual através da sentimentalidade.

Nessa medida, obras que se dariam como eróticas deveriam ser consideradas pornográficas. Assim, a *História de O*, embora escrita por uma mulher, nos apresenta uma mulher reduzida à escravidão; pouco importa que esteja feliz por sê-lo, ela é vítima da dominação e da crueldade do homem;

---

[35] Robert J. Stoller, "Pornography and Perversion", *Archives of General Psychiatry, 22,* 1970, pp. 490-499.

seu consentimento só faz melhor mostrar a alienação da mulher, que crê que para conservar o amor daquele que ela ama deve aceitar sofrer tudo. Talvez seja, hipertrofiada, a história de muitas mulheres...

Entre o material pornográfico, deve-se distinguir o que é escrito e o que é apresentado em imagens. O escrito deixa um lugar ao imaginário individual, a uma encenação particular. A imagem, mostrando tudo, não deixa muita coisa para fantasiar.

Ao lado do que está escrito ou desenhado por um indivíduo e é o produto de sua imaginação, há o que é *encenado* num vídeo ou num filme, produção de uma "indústria" lucrativa que implica produtores, agentes, roteiristas, diretores, atores que vão representar ao vivo e vender seu corpo e seu sexo como na prostituição, em particular no *hard core*, com cenas que não são imitadas, mas realizadas.

O material pornográfico não se limita ao coito genital heterossexual, mas solicita particularmente, como vimos mais acima, o que Freud chama as pulsões parciais: orais, anais, voyeuristas/exibicionistas, sádicas/masoquistas; pulsões parciais não submetidas ao primado da zona genital e da relação com o objeto; daí o vínculo já assinalado com a perversão tal como Freud a entende. O fato de a humilhação sofrida buscar sua revanche através desse material estabelece um vínculo com a perversão no sentido em que Stoller o entende. E é preciso lembrar que o que é vivido na intimidade de uma relação de amor a dois muda de registro ao ser apresentado a um observador de fora.

Todos nós já passamos pela experiência de uma excitação erótica que uma imagem ou um relato, que podem ser quaisquer para um outro, desencadearam em nós. Não temos todos a prática de buscar sistematicamente um material para nos excitar eroticamente.

Com muita freqüência, antes ou em vez de poder falar tranqüilamente da pornografia e nela refletir, somos (nós mesmos ou os outros) tomados por reações subjetivas, emocionais, defensivas e por preocupações morais. Deve-se pensar nisso, pois a pornografia existe; ela diz respeito a um número limitado de personagens particulares, autores e atores, produtores e distribuidores, do que se chama a *indústria pornográfica*; ela diz respeito a um grande número de consumidores. Há uma realidade de fato, é um fenômeno extenso, ainda que, como nota Gérard Vincent[36]: "Embora os *sex-shops* e as salas especializadas na projeção de 'filmes X' ganhem dinheiro – e ganham –, não se vê às suas portas filas e atropelos".

Quem são os participantes da indústria pornográfica? O que é que leva a consumir pornografia? A pornografia é perigosa, neutra ou benéfica?

Stoller pode nos ajudar a entrever quem são os membros da indústria pornográfica, sendo o único psicanalista a ter efetuado uma pesquisa "antropológica" sobre a pornografia; essa pesquisa se limita ao filme e ao vídeo pornográficos, o que ele chama *Porn,* que traduziremos por "pornô", para distingui-los do resto da pornografia. Essa pesquisa não é efetuada ao se assistir em campo à gravação de documentos pornô, consistindo em entrevistas que aconteceram em seu escritório e no que ele escuta como psicanalista. Stoller precisou de muitos anos para entrar em contato com homens e mulheres desse mundo particular. Ele nos restitui, em seus livros[37], entrevistas tais como gravadas, com um mínimo de trabalho editorial. Deve-se ressaltar que os entrevistados sempre releram o texto antes da publicação, o que é uma regra nos Estados Unidos, regra que Stoller sempre procurou seguir. Assim, Stoller nos permite reagir livremente ao material quase bruto que ele recolheu.

Durante os anos em que eu era membro da Comissão de controle cinematográfico, que é comumente chamada pelo público "comissão de censura" – o que essa comissão desaprova –, constantemente me fiz a pergunta que, aparentemente, não interessava a ninguém mais senão eu: quem são os atores e as atrizes que aceitam rodar cenas sexuais, particularmente cenas *hard,* não simuladas mas efetivadas, com todos os detalhes visíveis sob todos os ângulos? Stoller responde em parte a essa questão.

Entre os que são exclusivamente atores, as mulheres aceitaram e os homens recusaram ser entrevistados por Stoller, que insiste na variedade das

---

36 Gérard Vincent, "Le corps et l'énigme sexuelle", *in* Philippe Ariès e Georges Duby, *Histoire de la vie privée,* t. V, *De la Première Guerre mondiale à nos jours,* 1987, p. 379.

37 Robert J. Stoller, *Porn, Myths for the twentieth century,* New Haven e Londres, Yale University Press, 1991. Robert J. Stoller, I. S. Levine, *Coming Attractions: The Making of an X-rated Video,* New Haven, Yale University Press, 1993.

personalidades; não há retrato típico da atriz pornô, desde a mulher "histérica, histriônica" até a mulher que se tornou chefe de empresa (no pornô) com classe em sua apresentação, passando pela enfermeira que, com sua dupla vida, está próxima da "personalidade múltipla". Algumas se casam e fundam uma família. Algumas eram atrizes profissionais que encontraram no pornô uma possibilidade de "glória" que não haviam encontrado no cinema hollywoodiano. O dinheiro mais facilmente ganho foi uma motivação para outras. Algumas conseguiram se tornar atrizes no mundo de Hollywood, outras continuam no pornô com outras funções.

Bill diz ter *buscado a glória* antes de tudo e tê-la encontrado na indústria pornográfica, que ele conheceu como ator, depois praticada como roteirista, diretor e agente. Filho cujo pai morreu quando ele tinha quatro anos, mostrou-se *rebelde* a tudo o que lhe pedia a mãe, o que lhe valeu ser colocado num estabelecimento de proteção judiciária da infância (*Juvenile Hall*) dos doze aos dezesseis anos. Gostou muito de lá, a ponto de voltar mais tarde como educador, identificando-se com os "garotos" e tomando constantemente o partido deles. Seus atores de pornô também são para ele garotos, que ele trata como os do *Juvenile Hall*. Ele não vive como um adulto pertencendo ao mundo dos adultos. Não tem vontade alguma de entrar na linha, de fundar uma família. Conta (vangloria-se?) suas performances no palco: é um animal sexual, tem um membro excepcionalmente longo, "um grande pedaço de carne", entra em ereção quando quer, pode copular várias vezes seguidas. Em cena, goza de seu poder, pode "coreografar seus orgasmos", o que os torna superiores aos de sua vida privada, é adulado pelo auditório. Pensa que os membros da indústria pornográfica vêm ao pornô porque foram "crianças reprimidas". Afirma que, entre os atores pornôs, uns se sentem miseráveis e estão à beira do suicídio, só fazem isso por dinheiro, mas que outros gostam. Quanto aos espectadores, Bill acha que o pornô lhes traz antes de tudo "uma ajuda à masturbação". Não hesita em dizer que muitos pornôs são tediosos e mal feitos sob todos os aspectos (exatamente o que eu havia pensado em minha experiência na Comissão de controle cinematográfico).

A questão da nocividade da pornografia é constantemente levantada. Do resultado das pesquisas podemos ler que a opinião pública não é mais, em sua maioria, hostil à difusão de material pornográfico[38] quando se trata de adultos; o material mostrando e, portanto, usando crianças é objeto de condenação. Não é nada fácil dizer o papel da pornografia, catarse ou nocividade[39]. Foi levantada a questão do papel informativo da pornografia. Money considera que os vídeos e os clubes *Jack and Jo* (clubes homossexuais) podem desempenhar um papel de prevenção contra a AIDS; trata-se de olhar na tela homens *gays* envolvidos numa atividade sexual, masturbando-se só ou a dois; os espectadores podem assim se tornar virtuoses da prática manual sem troca de fluidos[40].

Não encontramos vínculo direto entre a visualização de pornôs e as agressões sexuais. Em particular, entre pedófilos[41], ter visto um pornô não precede a passagem ao ato; por outro lado, todos os agressores sexuais estudados por Howitt foram sexualmente abusados na infância por adultos ou pares mais velhos que eles. A revisão da questão feita por Fukui e Westmore[42] fracassa em estabelecer que a pornografia em sua forma puramente erótica tenha algum efeito nocivo que seja sobre a conduta humana.

Por outro lado, são denunciados os efeitos da pornografia violenta[43]; a pornografia violenta confirma os homens no "mito do estupro", "as mulheres sempre desejam o sexo e só dizem não para excitar"; numa amostra de oitenta e sete mulheres espancadas, Cramer e McFarlane constatam que os parceiros usam a pornografia violenta em 40% dos casos e sofrem sua influência em 50% dos casos.

---

38 Milton Diamond, James E. Dannemiller, "Pornography and community standards in Hawaii: comparison with other states", *Archives of Sexual Behavior, 18,* 6, 1989, pp. 475-495.

39 Thelma McCormack, "The censorship of pornography: catharsis or learning?", *American Journal of Orthopsychiatry, 58,* 4, 1988, pp. 492-504.

40 Money J., "The ethics of pornography in the era of AIDS", *Journal of Sex and Marital Therapy, 14,* 3, 1988, pp. 177-183.

41 Dennis Howitt, "Pornography and the paedophile: is it criminogenic", *British Journal of Medical Psychology, 68,* 1, 1995, pp. 15-27.

42 Atsumi Fukui, Bruce Westmore, "To see or not to see: the debate over pornography and its relationship to sexual agression", *Australian and New Zealand Journal of Psychiatry, 28,* 4, 1994, pp. 600-606.

43 Elizabeth Cramer, Judith McFarlane, "Pornography and abuse of women", *Public Health Nursing, 11,* 4, 1994, pp. 268-272.

Errar até se perder

Nós todos erramos em nosso apetite sexual até encontrarmos o que o satisfará, "todos os desejos sexuais são aberrantes", escreve Stoller[44], que acaba num total repúdio do termo "normal". Os sadomasoquistas que ele entrevista em *Pain & Passion* em geral não lhe parecem merecer um diagnóstico psiquiátrico.

Somos todos loucos em algum ponto, perversos em algum ponto. De qualquer modo, há uma diferença entre os que erram até se perder e aqueles que encontram um caminho que leva a um prazer e uma intimidade possíveis sem recurso a um fetiche, uma prática sadomasoquista, um rebaixamento do parceiro, um ato criminoso. A fronteira é difícil de ser traçada. Nossa loucura privada, nossa perversão privada podem nos ajudar a não condenar de antemão e a poder tratar aqueles que vêm nos pedir ajuda. Ser psicanalista é saber que a história da infância contribuiu para a errância desses pacientes; mas nada podemos fazer por aqueles que nada pedem.

É verdade que podemos, numa certa medida, suscitar a demanda. Assim, Claude Balier[45] e sua equipe conseguiram, no quadro penitenciário de um Centro médico-psicológico regional, fazer com que surgisse uma demanda de cuidados numa população de homens presos por atos de violência sexual e não sexual, julgados ou à espera de julgamento. Essa experiência difere da prática comum do psicanalista e põe a rude prova o corpo médico. Balier propõe uma entidade, "a perversidade sexual", a distinguir da perversão no sentido geral; o paciente vai até o ato assassino para "escapar da catástrofe psicótica ao reduzir sua existência, por um tempo, à própria pulsão e seu desdobramento no mundo à sua volta"; nesse processo, nem o objeto, nem o sujeito continuam a existir enquanto tais.

---

44 R. J. Stoller, *Pain & Paisson, op. cit.*, p. 35.

45 Ver Claude Balier, *Psychanalyse des comportements violents*, Paris, PUF, 1988. Claude Balier, *Psychanalyse des comportements sexuels violents. Une pathologie de l'inachèvement*, Paris, PUF, 1996.

7

O amor

Se o sexo conduz o mundo e se o amor é o grande negócio de nossa vida, quais são, portanto, os vínculos entre o amor e a sexualidade? Hoje gostamos de recorrer a três palavras gregas para dizer o amor, Eros, Philia, Ágape. Queremos opor três formas do amor, buscar um frágil equilíbrio entre três exigências, ou compor um sutil elixir com três ingredientes?

Se vemos bem os vínculos de Eros com a sexualidade, nós os vemos menos *a priori* para Philia, a amizade, e para Ágape, o amor cristão. No entanto, as formas mais sublimes ou sublimadas do amor se enraízam na carne, se o ser humano tem um corpo, se tem uma história, se tudo começa com sua concepção e seu nascimento e prossegue em sua infância através de seu desenvolvimento.

Poderíamos convocar a literatura e a poesia, a moral e a ética, a filosofia, a religião. O ponto de partida adotado aqui será o da experiência clínica e dos conhecimentos que a sustentam. O ser humano não é capaz de amar se não tiver sido amado. Todo amor deve integrar a ambivalência.

Ser amado para amar

É preciso ter sido amado para ser capaz de amar, de amar a si mesmo e de amar um outro, os outros, o próximo.

A moral, a religião têm um mandamento de amar o próximo, ainda que, por outro lado, seja costume dizer que no amor não se manda. A fórmula vinda do Antigo Testamento e retomada pelo Novo Testamento, "Amarás teu próximo como a ti mesmo" (Levítico 10/18, Mateus 22/39, Marcos

12/31), se for bem entendida, supõe o amor de Deus pelos homens; é somente porque Deus ama os homens que eles são capazes de se amar e de amar o próximo.

No nível em que nos colocamos, o da clínica, constatamos que a criança não pode se desenvolver sem um mínimo de amor, e não pode se desenvolver bem sem um amor atento e contínuo.

Sabia-se disso implicitamente desde sempre? Sim, se refletirmos em tudo o que foi constatado e dito sobre o amor materno, enganando-se aliás poeticamente:

> "Oh! O amor de uma mãe! Amor que ninguém esquece!
> Pão maravilhoso que um Deus divide e multiplica!
> Mesa sempre servida no paterno lar!
> Cada um tem sua parte e todos a têm inteira!"

Nesses versos de "O século tinha dois anos" (in *As folhas de outono*), Victor Hugo desconhece a rivalidade fraterna, freqüentemente intensa, sempre presente, ao mesmo tempo, é verdade, que a conivência fraterna, que protege contra os rigores parentais.

Poder-se-ia ter visto claramente a necessidade que a criança tinha de ser amada na maneira como as crianças enviadas para uma ama no campo morriam feito moscas. Durante muito tempo só havia interesse pela criança quando ela havia sobrevivido aos primeiros meses, como que para se proteger da repetição do luto.

A necessidade de a criança ser amada desde o nascimento foi erigida em conhecimento científico a partir dos trabalhos de René Spitz e John Bowlby.

Spitz descreveu sob o nome de *hospitalismo* o sofrimento das crianças criadas em condições de higiene e de alimentação satisfatórias mas sem cuidados afetuosos dados por uma mãe ou um substituto materno. Ele comparou, justo antes da Segunda Guerra Mundial, crianças criadas no berçário de uma prisão em contato com a mãe e crianças criadas numa enfermaria higiênica, mas deitadas em camas de onde só podiam avistar o teto, sem estímulo e sem cuidados individualizados. O definhamento destas últimas atraiu sua atenção.

Bowlby desenvolveu a noção de *apego* para dar conta do sofrimento observado nas crianças separadas da mãe, ainda que por um tempo relativamente curto, para uma hospitalização. Ele deriva sua noção de apego da etologia: o pequeno segue a mãe para escapar dos predadores, o sistema comportamental de apego visa manter uma proximidade do bebê com a mãe, regrar a distância entre o bebê e a mãe. Segundo Bowlby, Freud teria feito do primeiro vínculo com a mãe um vínculo puramente nutritivo; mas Freud, quando fala da criança no seio, não fala apenas de um vínculo alimentar e oral; ele diz que a criança no seio encontra, no regaço da mãe, calor, acalento, carícias, *ternura* (ele fala várias vezes da criança ternamente apegada à mãe, *zärtlich gebunden*, de apego terno, *zärtliche Bindung*). A pessoa da mãe "não se contenta em alimentar, ela cuida do filho e assim desperta nele várias outras sensações físicas agradáveis ou desagradáveis[1]". Bowlby se afasta de Freud por criticar sua concepção do arco reflexo, sua mecânica da descarga em proveito de uma concepção cibernética em que as retroações desempenham um grande papel. Mas o apego por si mesmo não é uma noção antipsicanalítica como se quis crer, e Bowlby, enquanto psicanalista, está próximo da corrente dita das relações objetais: a pulsão busca o objeto e não a satisfação; se sublinharmos que a satisfação pulsional é obtida através de um objeto e não por uma pura descarga mecânica, a distância diminuiu entre Freud e Bowlby.

Harry Harlow[2] cria jovens macacos em condições experimentais, nas quais, separados da mãe, eles têm acesso a diversos substitutos: uma mãe portadora da mamadeira, mas de arame, *versus* uma mãe desprovida de mamadeira, mas recoberta de pelúcia; os bebês passam mais tempo sobre a mãe de pelúcia que sobre a mãe de arame, apesar da ausência de mamadeira, e Harlow pensa ter demonstrado que o primeiro vínculo não é alimentar; nas condições naturais, a mãe tem uma pelagem (ou uma pele macia) e seios, e, se a criança buscasse apenas a pelagem, ela morreria; ao contrário, ela tem um reflexo de cavar que faz com que busque e encontre o mamilo. Harlow tam-

---

1 S. Freud (1938), *Abrégé de psychanalyse*, Paris, PUF, 1964, p. 60; *GW, 17*, p. 115, *SE, 23*, p. 188.

2 Harry Harlow (1971), *Learning to love*, New York, Ballantine Books, 1973.

bém mostra que o macaquinho prefere um substituto quente a um substituto frio, um substituto que acalenta a um substituto imóvel, o que corresponde à descrição de Freud de uma mãe fonte de calor, acalentos, carícias.

Harlow também mostrou que o animal criado sem mãe não conseguia acasalar-se na idade adulta, mas que seus pares podiam desempenhar um papel importante para remediar essa carência. É raro que crianças humanas fiquem entregues a si mesmas sem adultos; foi o caso dos *Bulldogs Bank Children*[3], que tinham vivido em campo de concentração da idade de alguns meses a mais de três anos e que tinham conseguido sobreviver e se organizar psiquicamente pelo apoio que tinham proporcionado a si mesmos, por uma identificação primária com o *socius* e não com a mãe ausente.

Não cessam de se desenvolver os trabalhos que mostram as conseqüências dos maus-tratos e dos abusos entre as crianças: eles abrem a via a múltiplas formas de patologia e de delinqüência. Um dos paradoxos, e não dos mínimos, é o apego da criança a pais que a maltratam: é melhor um mau objeto que objeto nenhum.

A capacidade de amar a si mesmo, forma feliz do narcisismo, decorre do que se pode chamar com Winnicott narcisismo primário[4]. Uma mãe suficientemente boa faz seu lactente viver experiências felizes. Ela lhe dá o seio ou a mamadeira mais ou menos no momento em que ele tem fome, sem deixá-lo esgotar-se gritando, tanto que, diz Winnicott, o bebê pode viver na ilusão de que criou esse seio ou essa mamadeira, que essa experiência boa vem dele. Ele terá que sair dessa ilusão, mas ela terá instaurado nele uma confiança em si mesmo e a base do espaço transicional, ou espaço cultural, em que os objetos tiram sua significação não de sua materialidade, mas da significação partilhada.

Não é possível amar o outro sem essa confiança de base em si. Sem ela, o apego ao outro se faz pela necessidade de ser reparado por ele. Sentimo-nos atacados à mínima fraqueza do outro, somos prisioneiros de "defesas narcísicas", o objetivo primeiro sendo proteger-se e reparar-se, e não ser aten-

---

[3] Anna Freud, Sophie Dann, "An experiment in group upbringing", *The Psychoanalytic Study of the Child, 6*, 1951, pp. 127-168.

[4] Nem todos os psicanalistas dão a mesma definição do narcisismo primário.

to ao outro; essas defesas são patológicas e mortíferas, bem afastadas do narcisismo feliz.

Inevitável ambivalência

Uma diferença importante entre Bowlby e Freud é que, para Freud, todo investimento de objeto é ambivalente, ao passo que, para Bowlby e para aqueles que utilizam a teoria do apego, somente certas formas de apego são ambivalentes.

A ambivalência em sua irredutibilidade é uma conseqüência da última teoria das pulsões, a que distingue um instinto de vida e um instinto de morte. O instinto de morte não é compreendido por todos da mesma maneira e não é aceito por todos[5]. Freud vê nele uma força levando à volta ao estado inanimado, especulação "metabiológica" que não é possível retomar por conta própria, embora seguindo Freud no plano clínico, em que ele descreve, e é uma conceituação útil e fecunda, uma força de desligação em trabalho ao mesmo tempo que uma força de ligação.

O lactente é dependente de um outro para sua sobrevivência, de um adulto em geral, se excetuarmos casos extremos e excepcionais como o dos *Bulldogs Bank Children*. Essa experiência de dependência pode ser feliz, mas não é nunca *totalmente* feliz. O lactente deve se desiludir em relação ao sentimento de onipotência que lhe dão a comida e os cuidados que chegam na hora certa. O lugar das delícias, diz Alain[6], é uma ilustração do que viveu a criança no início da vida, em que obtinha tudo contanto que pronunciasse a encantação conveniente. Ela terá de descobrir que nada se obtém apenas pela fala, sem o trabalho. A dependência só é feliz no tempo do que Winnicott chamou a dupla dependência: a criança é totalmente dependente e não sabe disso. A conscientização da dependência é dolorosa. O sujeito não tem o domínio do objeto, estamos sempre dependentes do objeto de amor. Para

---

[5] Envio o leitor a meus capítulos "Relendo os textos de Freud sobre a compulsão de repetição: teoria da clínica e especulação filosófica", e "Compulsão de repetição e instinto de morte", em *Homo psychanalyticus*, Paris, PUF, 1990.

[6] Alain (1934), "Les dieux", in *Les Arts et les dieux*, Paris, Gallimard, coll. "Bibliothèque de la Pléiade", 1958.

conservar ou retomar o domínio, o sujeito acaba atacando o vínculo de amor. A pulsão de morte "seria então nomeada pulsão de destruição, pulsão de domínio, vontade de poder[7]".

Admitir a ambivalência como inevitável leva a atribuir ao sujeito a tarefa de integrá-la e de superá-la, em vez de deixá-la brotar em condutas espantosas e contraditórias ao amor.

Só se odeia o que se ama. É bem conhecida a prontidão com a qual o amor se reverte em ódio quando o objeto não atende à expectativa. A paixão destrói por sua intensidade mesma e por seu desejo de domínio sobre o objeto. Se os jurados, na França pelo menos, têm indulgência com o crime passional, é que, último ato mortífero, eles vêem o amor ultrajado.

A morte e o amor estão ligados nas grandes figuras românticas do amor. A chama do amor consome todos os que dela se aproximam. Não se imagina vê-la apagar-se em fogo brando nos conflitos mesquinhos da vida cotidiana. Romeu e Julieta, Tristão e Isolda só podem morrer jovens, de amor.

Freud falou da sobrestimação narcísica do objeto, que, segundo ele, caracterizaria o amor do homem pela mulher e não o amor da mulher pelo homem. Há em todo amor, em seus começos, uma sobrestimação do objeto. Podemos até acabar no que chamo "o amor cabide"; buscamos tanto amar e ser amados que penduramos num outro nosso amor independentemente do que é o outro, sem querermos ver o que ele é, tanto é premente a necessidade de amor em que nos encontramos. Se se der muita atenção ao outro, não se vê como ele é, mas como se gostaria que fosse. Se se chegar a um pouco mais de lucidez, imagina-se então que ele mudará sob o efeito do amor que se tem por ele. Ilusão bela e perigosa: pode acontecer de ele além disso mudar, mas, se há um amor feliz, é aquele que é capaz de aceitar "todo o lote", o objeto amado tal como é e não tal como se pretende fazê-lo tornar-se. A queda é brutal quando se passa da visão idealizada à visão realista, e o ódio espera, escondido no canto do coração ferido.

---

[7] Sigmund Freud (1924), "Le problème économique du masochisme", *Névrose, psychose, perversion*, traduzido do alemão por Jean Laplanche, Paris, PUF, 1973, p. 291; *GW, 13*, p. 376; *SE, 19*, p. 163.

Não há amor puro, só existem amores que se purificam ao longo da vida na confiança, na reciprocidade, na intimidade. Os interesses do outro então acabam sendo levados em conta ao mesmo título que os interesses pessoais.

O amor de transferência

Com a história de Anna O., paciente de Breuer em questão nos *Estudos sobre a histeria*, começa para Freud a descoberta do amor de transferência. Todo paciente que vem consultar um médico, com mais forte razão um "médico da alma", um psicanalista, um psicoterapeuta, vê mobilizarem-se em si sentimentos fortes de esperança (tudo vai se tornar novamente possível), apreensões (o constrangimento ou a vergonha de falar de aspectos secretos de sua vida). Ele acaba amando seu terapeuta, sem se confessar isso dessa maneira, defendendo-se até, a não ser que desenvolva uma "transferência amorosa" em que a consciência, a força e a confissão de seu amor tomem a frente da cena. A transferência é compreendida pelos analistas como a repetição dos vínculos com os primeiros objetos de amor, a mãe e o pai, como a projeção das figuras parentais sobre o analista. O que os pais não souberam fazer, o analista vai poder fazê-lo. Ele vai poder, por sua compreensão, por seu amor, reparar o paciente.

A situação é muito delicada. Pois o amor de transferência é um amor verdadeiro, com sua ambivalência, suas exigências e suas vicissitudes. E, ao mesmo tempo, é um amor falacioso. Não é a pessoa do analista tal como é que se ama (só se sabe muito pouco dele, ainda que ao longo da análise acabemos sentindo muitas coisas de seu ser interno), é o que "penduramos" em sua pessoa, é o protótipo do que chamei o amor cabide. A diferença com os amores-cabides da vida está na resposta do analista. O amado na vida não se sente preso por nenhuma obrigação em relação àquele que ficou apaixonado por ele e afasta o apaixonado importuno, a não ser que, lisonjeado por esse amor, ele o mantenha um pouco e favoreça assim o desenvolvimento de uma erotomania, a convicção passional, no apaixonado, de que é amado. O analista não deve nem rechaçar esse amor, pois ele é "verdadeiro" e é um motor da cura psicanalítica, nem a ele responder como se responde na vida cotidiana. A resposta própria ao analista que acolhe, compreende, interpreta quando a interpretação se torna possível de ouvir, mas não fica intempestivamente apaixonado, torna possível "a análise da transferência", a conscientização pelo paciente do que ele busca através da análise e da vida. Pois os amores da vida também comportam elementos de transferência, mas, na vida, o parceiro reage em função de suas necessidades próprias e não numa vontade de compreensão e de "neutralidade benevolente".

O amor de transferência cria uma dependência e, como toda dependência, um sofrimento. Quanto maior o amor, maior a dependência, maior o sofrimento. É preciso curar o amor de transferência. Dizemos que é preciso "liquidar" a transferência. Mas nenhum amor se apaga sem deixar rastro. Para que os rastros sejam benéficos, é preciso que a "transferência negativa", o ódio, o ressentimento, a inveja que fazem a ambivalência do amor de transferência como de todo amor tenham sido esclarecidos, interpretados, integrados. O paciente às vezes foge quando começa a entrever sua transferência negativa, ele vai embora então em más condições. O paciente deve ter podido exprimir sua agressividade e deve poder partir sem estar esmagado por uma dívida de reconhecimento insolvente, daí por que é preferível que o paciente pague ao analista: na análise, o analista pôs-se a serviço do paciente, ele não se comprometeu em sua vida e tampouco amarrou o paciente.

Para conseguir esse "manejo", essa resolução da transferência, o analista deve dominar sua "contratransferência", suas próprias projeções sobre o paciente. Ele não está ali para esperar algo do paciente para sua vida pessoal, embora o paciente o instrua e o enriqueça muito em sua vida profissional.

Eros

Eros, ἔρως, deve ao deus grego, inscrito em diversas tradições mitológicas, por designar o amor paixão, o indomável desejo sexual em toda a sua violência. "Eros permanecerá sempre, mesmo no tempo dos ornamentos 'alexandrinos' de sua lenda, uma força fundamental do mundo. É ele quem assegura não só a continuidade das espécies, mas a coesão interna do mundo[8]". Ora considerado um deus todo-poderoso, ora um "demônio" inter-

[8] Pierre Grimal, *Dictionnaire de la mythologie grecque et romaine*, Paris, PUF, 1969, p. 147.

mediário entre os deuses e os homens, filho de *Poros* (Expediente) e que, como ele, sempre sabe imaginar um meio para chegar a seu objetivo, e de *Penia* (Pobreza), e que, como ela, sempre está em busca de seu objeto. Ora filho de Hermes e de Afrodite, ora filho de Ares e de Afrodite e então chamado Anteros, o amor contrário. Para os poetas, ele é a criança alada que com suas flechas causa feridas cruéis.

Quando Freud utiliza o termo Eros, ele está se referindo ao amor sexual e também à coesão interna evocada no trecho de Pierre Grimal acima. Há, em alemão, uma única palavra para cobrir todas as formas do amor: *Liebe*. E Freud precisa: "O núcleo do que chamamos amor é formado naturalmente pelo que é comumente conhecido como amor e que é cantado pelos poetas, isto é, o amor sexual, cujo termo é constituído pela união sexual. Mas dele não separamos todas as outras variedades de amor tais como o amor de si mesmo, o amor que experimentamos pelos pais e os filhos, a amizade, o amor dos seres humanos em geral, não mais que dele não separamos o apego a objetos concretos ou a idéias abstratas. [...] O *Eros* de Platão apresenta, quanto às suas origens, às suas manifestações e às suas relações com o amor sexual, uma analogia completa com a libido da psicanálise, e quando, em sua famosa Epístola aos Coríntios, o apóstolo São Paulo louva o amor e o põe acima de todo o resto, ele com certeza o concebe nesse mesmo sentido 'ampliado'[9]".

Não há dúvida de que o amor sexual, o amor do parceiro, esteja enraizado no corpo, ligado às pulsões, à libido. O narcisismo também está ligado ao instinto sexual tanto quanto ao instinto de morte. Freud fala de libido narcísica dirigida para si mesmo, ao distingui-la da libido objetal dirigida para o outro[10]. No entanto, o leitor dos textos psicanalíticos ficará perturbado pelo fato de que certos autores[11] opõem o narcísico e o pulsional.

---

[9] Sigmund Freud (1921), "Psychologie collective et analyse du moi", *Essais de psychanalyse*, traduzido do alemão por S. Jankélévitch, Paris, Payot, ch. 4, p. 100; *GW, 13*, 98-99; *SE, 18*, 90-91.

[10] Sigmund Freud (1914), "Pour introduire le narcissisme", in *La Vie sexuelle*, Paris, PUF, 1969, pp. 91-105; *GW, 10*, pp. 44-113; *SE, 14*, pp. 67-102.

[11] Bela Grunberger, por exemplo.

O amor concebido como Eros é carnal, preso no metabolismo dos hormônios e no movimento dos humores, no encontro dos corpos. Às vezes falamos de "amor platônico" como desprovido de todo vínculo carnal, referindo-se a Platão, notadamente ao *Banquete*, em que está em questão elevar-se através do amor dos belos corpos até o amor da beleza, a Idéia do Belo, a Idéia do Bem. Mas o próprio Platão não parece ter sido platônico em seu amor por jovens... Poderíamos falar de um Eros mítico, que é elevação do homem para Deus nos mistérios helenísticos, ao passo que o amor cristão desce de Deus para o homem.

Philia

Philia é a amizade[12], longe do tumulto da paixão ligada a Eros, da incerteza da reciprocidade, da mistura da sensualidade e da ternura. A amizade é a troca em nível igual, a reciprocidade, é a ternura em estado puro sem mistura de sensualidade. Se seguirmos Freud, sendo a ternura uma das duas correntes da sexualidade, a sexualidade não está ausente da amizade. A ternura é uma emoção encarnada. Mas a relação sexual não intervém.

Vale dizer que a amizade não está presente no casal? Muito pelo contrário, se o casal é durável, se a intimidade se instaura, é porque ao lado da avidez sensual, em que as diferenças corporais das sensibilidades e dos funcionamentos são um obstáculo a ser superado, a ternura está presente, a ternura, a amizade, Philia.

A amizade não é narcísica, ela está centrada no outro, ela se esforça para compreendê-lo e para não lhe pedir o que ele não está em condição de dar. Saint-Exupéry escreve isso admiravelmente em "Carta a um refém[13]": "Estou tão cansado das polêmicas, das exclusões, dos fanatismos! Posso entrar em tua casa sem me vestir com um uniforme, sem me submeter à recitação de um corão, sem renunciar ao que quer que seja de minha pátria interior.

---

[12] Deve-se notar que, quando se faz o elogio da amizade, são quase sempre homens que são dados como exemplo, e não mulheres. Quanto à amizade entre um homem e uma mulher, a tendência é considerá-la impossível...

[13] *In* Antoine de Saint-Exupéry, *Œuvres*, Paris, Gallimard, coll. "Bibliothèque de la Pléiade", 1953, p. 404.

Junto a ti não tenho que me desculpar, não tenho que defender, não tenho que provar; encontro a paz [...] Eu, que experimento, como qualquer um, a necessidade de ser reconhecido, sinto-me puro em ti e vou a ti. Preciso ir ali onde sou puro. Não foram minhas fórmulas nem minhas iniciativas que te instruíram sobre quem eu sou. É a aceitação de quem eu sou que te fez, se for preciso, indulgente com essas iniciativas assim como com essas fórmulas. Sou-te grato por me receber tal como aqui estou. Que devo fazer com um amigo que me julga? Se acolho um amigo à minha mesa, rogo a ele que se sente, se ele manca, e não lhe peço para dançar".

A amizade espera a reciprocidade, ela se nutre da reciprocidade. E o sofrimento nasce se essa reciprocidade conhecer falhas. A amizade é eletiva, seletiva, supõe afinidades: "Porque era ele, porque era eu", diz Montaigne. Por isso o mandamento de amar o próximo, isto é, quem quer que seja, até os inimigos, não visa à amizade, mas a um outro amor, o ágape.

Ágape

Ágape, uma palavra "quase desconhecida da língua profana[14]", aparece na tradução grega da Bíblia dos Setenta e no Novo Testamento. Se a palavra não foi criada por São Paulo, foi ao menos introduzida por ele "'como denominação específica' para designar o amor cristão[15]". É a palavra-mestra do capítulo XIII da Primeira Epístola de São Paulo aos Coríntios, típico texto inspirado.

Ao lermos as diversas traduções da Bíblia, podemos medir a que ponto o ofício de tradutor merecia ter sido listado por Freud entre as profissões impossíveis, ao lado das de pai, psicanalista, chefe de governo, *erziehen, kurieren, regieren*. É impossível restituir a matéria sonora, as aliterações e todas as conotações do original.

Ágape foi traduzido do grego em latim por *caritas*. Em alemão, todas as traduções que tive entre as mãos dizem *Liebe*. A Bíblia do rei James diz

---

14 André Chouraqui, *L'Univers de la Bible*, t. IX, 1982, p. 228.

15 Anders Nygren (1930), *Érôs et Agapè. La notion chrétienne de l'amour et ses transformations*, trad. franc. por Pierre Jundt, Paris, Montaigne, 1944, p. 118.

charity. As traduções francesas oscilam entre *caridade* e *amor*: a Bíblia de Jerusalém, a Bíblia católica de Crampon, a Bíblia protestante de Segond dizem *caridade*; a Bíblia em francês corrente, a Bíblia de Chouraqui e a Tradução ecumênica da Bíblia dizem *amor*. *Caridade* evoca a expressão "fazer a caridade", e o amor de que fala o texto nada tem a ver com as "boas ações" ou as "boas obras". A Tradução ecumênica da Bíblia, embora traduza por *amor* no corpo do capítulo, dá como subtítulo ao capítulo XIII *Amor fraterno*, e lamentamos: o amor fraterno evoca o amor que irmãos podem ter um pelo outro, a amizade, ao passo que se trata aqui do amor pelo próximo tal como só é possível pelo amor que Deus tem pelo homem; certo, os "ágapes" são as refeições fraternas dos primeiros cristãos, mas que edulcoração falar de amor fraterno nesse "hino ao amor"; trata-se do amor de Deus, do amor ao qual o homem só pode chegar por Deus ou pelos homens através do amor de Deus pelo homem. Damos esse texto na tradução de Segond, embora ela utilize *caridade*:

> Quando eu falaria as línguas dos homens e dos anjos, se não tenho a caridade, sou um bronze que ressoa, ou um címbalo que percute.
> E quando eu teria o dom de profecia, a ciência de todos os mistérios e todo o conhecimento, quando eu teria mesmo toda a fé até transportar montanhas, se não tenho a caridade, não sou nada.
> E quando eu distribuiria todos os meus bens para a comida dos pobres, quando eu entregaria até meu corpo para ser queimado, se não tenho a caridade, isso não me serve de nada.
> A caridade é paciente, ela é cheia de bondade; a caridade não é invejosa; a caridade não se vangloria, ela não se infla de orgulho.
> Ela nada faz de desonesto, ela não busca seu interesse, ela não se irrita, ela não suspeita o mal.
> Ela não se alegra com a injustiça, mas se alegra com a verdade.
> Ela desculpa tudo, ela crê em tudo, ela espera tudo, ela suporta tudo.
> A caridade não perece nunca. As profecias terão fim, as línguas cessarão, o conhecimento desaparecerá.
> Pois conhecemos em parte, e profetizamos em parte.
> Mas quando o que é perfeito tiver vindo, o que é parcial desaparecerá.

> Quando eu era criança, eu falava como uma criança, pensava como uma criança, raciocinava como uma criança; quando me tornei homem, fiz desaparecer o que era da criança.
> Hoje, vemos por meio de um espelho, de maneira obscura, mas então veremos face à face; hoje, conheço em parte, então conhecerei como fui conhecido.
> Agora, pois, estas três coisas permanecem: a fé, a esperança e a caridade; mas a maior dessas coisas é a caridade.

Se não nos colocarmos na visão cristã, um tal amor é impossível, ele só pode vir, como dissemos, do amor de Deus pelos homens, da graça divina. Cientes!

Entretanto, mesmo que não nos coloquemos na perspectiva da fé cristã, esse texto nos fala, para além desse inatingível da graça, de um ideal que nos guia em certas circunstâncias. Ele opõe os atos, até mesmo os altos feitos, e o que os inspira. Ele fala de uma atitude para com outrem que não é guiada pelo negativo, de um amor que se desprendeu da ambivalência em que ódio e amor estão intricados. Ele fala de um amor objetal oposto ao amor narcísico, em que a preocupação pelo outro prevalece sobre a necessidade de proteger a si mesmo. Ele fala de um amor que não falta. Ele opõe o infantil e o que pertence ao adulto (para opor a criança e o adulto, São Paulo escreve criança e homem, άνήρ, macho; assim, ele não esquece, ao escrever, que é um homem, podemos esperar que não exclua as mulheres por isso).

Eu talvez vá chocar a um só tempo os cristãos e meus colegas psicanalistas; a "neutralidade benevolente" do psicanalista parece-me inscrever-se numa perspectiva de ágape. Trata-se de benevolência mais que de neutralidade (se neutralidade for frieza, indiferença), e a neutralidade em questão remete na verdade a um descentramento onde o egocentrismo não tem lugar. Certo, o psicanalista é pago (também acontece de ele não ser pago), mas, no interior do quadro analítico, ele se mostra capaz de ter uma atitude que comporta um certo ágape. Trata-se de não estar em nada ali para a satisfação de seus desejos pessoais, de não esperar do paciente nenhuma gratificação pessoal; de tentar compreender o paciente em seu sofrimento e suas vicissitudes, ainda que às vezes estejam no limite do suportável; de não se ofender com o que o paciente diz contra o analista, mas de compreender essa "transferência negativa" e de interpretá-la no momento favorável em que o paciente puder perceber suas projeções; de agüentar enquanto for preciso. Acho que os psicanalistas são capazes dessa benevolência. Só podemos lamentar que fora do quadro analítico essa capacidade com muita freqüência desapareça. Podemos medir a gravidade da transgressão das fronteiras quando um analista se põe a responder aos sentimentos de sua paciente (trata-se quase sempre de um analista homem e de uma paciente mulher) no nível do eros, e não do ágape, tendo relações sexuais com ela.

Em toda atitude terapêutica, em toda atitude em que nos pomos a serviço de outro, há ágape. Em toda relação humana de amor há ágape. O amor humano, o amor do casal, o amor dos pais pelos filhos comportam ágape. É possível falar de amor se só existir uma busca de satisfação sexual, uma paixão sem futuro, um amor possessivo; ou até uma amizade em que a espera de reciprocidade prevaleceria sobre a compreensão, a paciência e a benevolência? Há um amor digno desse nome sem dom gratuito feito ao outro?

Para dizer o ágape, às vezes falamos de amor oblativo, mas esse termo é frio, distante, e além disso suspeito (o que a oblatividade esconde? pergunta-se).

Existe ágape em estado puro? Numa perspectiva cristã, talvez. Na perspectiva adotada aqui, não há amor humano não encarnado num corpo, não obrigado às demandas do corpo. As macerações ascéticas fazem eclodir o ágape ou florescer o masoquismo narcísico? Não é em si ainda que se pensa, não no outro? Podemos tudo sublimar de necessidades eróticas?

Como se situa a compaixão dos budistas em relação ao ágape? O termo *compaixão* em francês, dado como mais ou menos sinônimo de *piedade*, tem uma nuança de condescendência, o que não tem *karuña*. *Karuña* é "a conscientização da solidariedade no sofrimento com todos os seres e a convicção de que o meio mais eficaz para se libertar do sofrimento é trabalhar para libertar os outros[16]"; ela é "benevolência universal. No budismo, a compaixão não tem nenhuma conotação dolorosa ou deprimente. Ela não é tampouco um ativismo particular. Ela é uma força serena e radiante, projetada sobre todos os seres[17]". A Grande Compaixão, sem referência aos seres e à

16 Pierre Massein, *in* Frédéric Lenoir et Ysé T. Masquelier, *Encyclopédie des religions*, Paris, Bayard, 1997, t. I, p. 1022.

17 Solange Thierry, *ibid.*, t. II, p. 1806.

realidade, depende da realização da vacuidade, sem referência a *mim* e ao *outro*[18]. O Buda voltou para os homens cheio de compaixão após a Iluminação. O budismo denuncia a miséria da condição humana fadada à doença, à velhice, à morte, à perda de quem amamos, e ao ciclo dos renascimentos, que só a extinção do desejo pode interromper. Se não há na compaixão a grande explosão mística do ágape, é preciso reconhecer que não há, no budismo, mitos dolorosos, pecado original, sacrifício cumprido para os homens ao qual se associar pelo sofrimento. O Buda abre a via da supressão do desejo que mantém o ciclo do sofrimento e dos renascimentos, e ele sorri. Se o ágape é um dom de Deus, se não depende de nós ter a Graça, a benevolência e a compaixão dependem apenas de nosso trabalho sobre nós mesmos para controlarmos nossos desejos.

---

[18] Cf. Kalou Rimpoché, *ibid.*, t. II, 1808. Lilian Silburn (ed.), *Aux sources du bouddhisme*, Paris, Fayard, 1997, *passim.*

8

O sexo conduz o mundo

Em cada instante da nossa vida, somos um homem ou uma mulher. Só superamos essa sexuação no mais alto nível do pensamento, da reflexão, da abstração.

Ao mesmo tempo, a questão de nossa posição em relação ao outro está o tempo todo presente, colocando em causa, ao lado de nossa identidade, nossas chances de ser amados. O outro do outro sexo ocupa uma posição particular.

O anúncio público de nosso sexo de pertencimento

Em cada instante da nossa vida, somos um homem ou uma mulher. É certo ou errado que tudo nos lembre isso? O prenome, as roupas, as tarefas, o estatuto social? Deve-se acentuar essa sexualidade de nossa vida ou atenuá-la? A igualdade é mais bem conquistada quando o sexo de pertencimento é esquecido ou quando é sublinhado? Toda sociedade lembra a seus membros a existência da diferença sexual, mas ela o faz de maneira arbitrária, impondo atitudes e práticas. Não podemos apagar a existência da diferença sexual, podemos apenas lutar contra o arbítrio da interpretação social quando esta conduz a uma privação de direitos e de liberdade.

O primeiro constrangimento é o do *prenome* que nos é atribuído no nascimento. O prenome costuma ser claramente sexuado. Existem, em francês, raros prenomes ambissexuados, andróginos, às vezes chamados ambivalentes: Camille, Claude, Dominique; e prenomes mais numerosos que se entendem da mesma maneira, mas se distinguem pela grafia: Daniel/

Danièle ou Danielle, Michel/Michèle ou Michelle, René/Renée, André/ Andrée, etc. Podemos, na vida cotidiana, ser chamados de outra maneira (outro prenome, diminutivo), nos darmos um nome de uso que vai figurar na carteira de identidade após o nome legal; não podemos mudar de prenome legal, com mais forte razão de sobrenome, sem uma ação judiciária. Os transexuais conhecem bem o problema. Os que têm um prenome legal ambissexuado são felizes de poder apresentar documentos de identidade que lhes permitem passar despercebidos em sua transformação de sexo em curso; outros, que pediram uma mudança de prenome, que é mais facilmente concedida que uma mudança de registro civil, vêem-se com freqüência autorizados a mudar de prenome em proveito apenas de um prenome ambissexuado. Toda menção que se acrescente à do prenome (sexo, profissão se for "generizada" pela feminilização dos nomes de ofício) agrava a situação. Houve juristas que propuseram a supressão da menção do sexo nos papéis de identidade[1]...

O prenome, nas línguas estrangeiras, expõe a erros. Quando citamos um autor, supostamente lhe atribuímos corretamente a identidade. Infelizmente, costumamos ignorar o gênero dos prenomes em outras línguas que a nossa. Cometi algumas gafes. Citei muito Eve Malmquist em meu primeiro livro *A criança de seis anos e seu futuro*, convencida de que estava falando de uma mulher, mas em sueco *Eve* é um prenome masculino, o prenome feminino correspondente a *Ève* em francês é *Eva*. Da mesma forma, só soube que Lee N. Robins, que eu havia abundantemente citado nesse mesmo livro, era uma mulher após tê-la encontrado: ela riu de meu engano, Lee é um prenome ambissexuado em inglês. Eu achava que evitava o acidente desses erros ao falar no corpo do texto de "o autor*"; não é mais possível se seguirmos o uso dos quebequenses e dos suíços franceses, que distinguem *autor* e *autora*.

Em francês, a língua nos força a *concordâncias de gênero*. Foi empreendida uma luta pela feminilização dos nomes de ofício. Na verdade, longe de

---

[1] Conseil de l'Europe (1995), *Transsexualisme, médecine et droit*, Actes, XXIIIe Colloque de droit européen, Vrije Universiteit Amsterdam (Países Baixos), 14-16 de abril de 1993, Strasbourg, Éditions du Conseil de l'Europe, 1995.

* Em francês, *auteur* é um substantivo masculino. (NT)

ser apagada, a importância do gênero é assim acentuada. Ainda não se pensou em empreender uma luta pelo desaparecimento do gênero gramatical (em inglês, é praticamente reduzido aos pronomes pessoais e possessivos e aos adjetivos possessivos). Somos vítimas de uma ilusão indo-européia: como as línguas indo-européias distinguem dois (masculino e feminino) ou três gêneros (masculino, feminino, neutro), não imaginamos que uma língua possa ficar sem essa distinção. No entanto, a maioria das línguas[2] (por exemplo, o chinês) não conhece distinção de gênero, isto é, é desprovida de um sistema de concordâncias em função da categoria "gênero"; existem outras que têm sistemas de concordância múltiplos em função de outras categorias, até vinte categorias. Mas nenhuma sociedade é desprovida de distinção de papéis sexuados. O gênero não se atribui exclusivamente em função do sentido, logo, do sexo, mas também segue regras ligadas à morfologia da palavra (por exemplo, em alemão, *Fraulein*, senhorita, é neutro porque todas as palavras em *-lein* são neutras); e o gênero masculino nem sempre é o gênero dominante, nem para a atribuição do gênero nem para a regra de concordância no plural de nomes de gêneros diferentes, que nem sempre se faz no masculino como em francês.

O que de fato ganham as mulheres com a *feminilização dos nomes de ofício*? O que eu ganhei por ser designada uma *autora, uma escritora, uma professora, uma doutora** ? Muitas feministas fazem disso um objeto de luta; penso, por exemplo, em Benoîte Groult em *História de uma evasão*[3] . O que me parece importante é ter escrito livros, ensinado, praticado a psiquiatria (estou bem à vontade permanecendo "psiquiatra" e "psicanalista" sem "generização"). Talvez a importância da feminilização dos nomes de profissão seja clara para Benoîte Groult por ela ter sofrido durante anos um estatuto de inferioridade enquanto mulher e só tardiamente despertou para perceber que tinha o direito de existir de outra maneira. Talvez essa importância da feminilização dos nomes de profissão não seja clara para mim porque fui

[2] Ver Greville Corbett, *Gender*, Cambridge Textbooks in Linguistics, Cambridge, Reino Unido, Cambridge University Press, 1991.

* Todas estas palavras só existem em francês no masculino. (NT)

[3] Benoîte Groult avec l'intervention de Josyane Savigneau, *Histoire d'une évasion*, Paris, Grasset, 1997.

criada sem que jamais me tivessem dito ou feito sentir que, por ser menina, certas portas para mim estavam fechadas; estava entendido que eu devia "estudar" e estudar muito na escola, ter uma profissão, obter minha carteira de motorista já aos dezoito anos, etc. Em minha carreira, nunca encontrei obstáculos por ser mulher: é verdade que me tornei professora universitária de psicologia e que em medicina teria sido outra história. Porém tive uma revolta feminista diante do estatuto dado às mulheres, que exprimi no primeiro texto que nunca publiquei: eu constatava que as mulheres cozinhavam todos os dias (o que gosto de fazer) e que, no entanto, não se imaginava que um grande *chef* de cozinha pudesse ser uma mulher, etc. Não é a invenção da palavra *cheffe** que vai fazer mudar a situação, é que mulheres, muito raras ainda, consigam se impor como *chef(fe)*, e ainda por cima se fala a respeito delas de "cozinha de mulheres". A feminilização dos nomes de profissão é apenas um *a posteriori* que vem simbolizar o caminho percorrido, mas que ao mesmo tempo reforça a "marca do gênero" em tudo o que fazemos; é preciso doravante anunciar a profissão gramaticalmente quando se é mulher, ao menos numa língua em que o gênero gramatical seja forte como em francês; em inglês, em que o gênero está reduzido à sua mais simples expressão, a conquista feminista não terá buscado exprimir-se dessa maneira. Não se mudam as coisas mudando as palavras, pode-se ter a idéia de mudar as palavras porque as coisas mudaram. Gostaria de estar segura de que os homens que militam pela feminilização dos nomes de profissão fizeram, na vida, tudo para a promoção das mulheres, para que a mulher deles tivesse direito à mesma vida profissional que eles.

Ao inverso, a interdição de fazer uma discriminação de sexo para os empregos leva a fatos tão pitorescos quanto este anúncio, na Austrália: "Buscamos *barman* ou *barmaid* que possa usar mini-saia".

Estereótipos sociais governam a maneira como devemos nos *vestir*, embora hoje a moda seja em parte unissex por um lado, e menos obrigatória por outro.

* Diz-se *un chef [de cuisine]*, no masculino. Pela regra em francês, o feminino dobra a consoante e recebe um *e*. (NT)

Na vida cotidiana, a mulher talvez continue sendo a mulher-objeto que foi denunciada. Ao se vestir de maneira a excitar os homens, ela se conduz por escolha ou por alienação a ser essa mulher-objeto. A experiência clínica mostra que não são as mulheres mais "sofisticadas" na aparência que são as mais amantes e as mais "quentes".

Mas a mulher não é forçada a usar mini-saia (ver mais acima) ou a ficar de *topless* se não procura trabalhar num bar especial. As mulheres se vestem como querem, e com freqüência usam *jeans* ou calças; ainda que as crianças em seu discurso manifesto recorram aos estereótipos gastos para dizer a diferença entre os sexos, "as meninas têm cabelos longos e usam saias", é mais fácil de dizer que "as meninas não têm o peru igual", porque assim se evita a referência ao corpo próprio e às interrogações, até mesmo às angústias que a isso estão ligadas. As crianças se apóiam nos estereótipos sociais para se confortar em sua identidade sexuada, mesmo quando são criadas por pais feministas: assim, a filha de uma mãe que só usa calças pede que a mãe às vezes use saias, se faça "bela"...

As mulheres, em nossa cultura, têm um pleno acesso à *educação*, o que é uma condição *princeps* de acesso à igualdade dos direitos e à liberação (os integristas afegãos entenderam isso *a contrario* quando proibiram as meninas de irem à escola). As mulheres francesas recebem os mesmos ensinamentos que os homens. Praticam esportes; mas encontram um limite natural na competição com os meninos. O importante é a competição com sua loucura da superação e a patologia na qual são mergulhados os atletas de alto nível? Ou será o fato de poder nadar, andar de bicicleta, praticar judô ou caratê caso se tenha vontade?

Maneiras de se portar, comportamentos também são prescritos pela cultura. Aí ainda, em nossa sociedade, a evolução se fez em direção a uma liberdade maior deixada ao indivíduo. Mas, embora aceitemos maneiras de menino numa menina, reprovamos nitidamente maneiras femininas num menino. Uma menina pode usar *jeans*, trepar nas árvores; um menino não pode usar saias, fazer charminho, gostar de tricô... Vemos que a sociedade pede que a diferença dos sexos seja anunciada claramente e que, além disso, existe uma *recusa do feminino*. Encontramos *a inferiorização da mulher* e *o medo da passividade*[4].

---

[4] Jacqueline Schaeffer, *Le Refus du féminin*, Paris, PUF, 1997.

As diferenças de estatuto, a questão da paridade estão hoje na ordem do dia, em particular nas funções políticas. As mulheres em breve cessarão de ter a esse respeito um estatuto de inferioridade. Não se permite mais dizer que a mulher deve cuidar das panelas e não da gestão da cidade.

Conforme a garrafa é vista metade cheia ou metade vazia, *A dominação masculina*[5] é denunciada (e é preciso denunciá-la) ou se fala da revolução feminina (e é preciso ver as etapas vencidas). Parece-me que a condição feminina mudou radical e irreversivelmente em nossa cultura desde o fim da Segunda Guerra Mundial.

Natureza e cultura

Se a busca da igualdade estatutária não me parece ir contra a diferença sexual, existem outras aspirações que visam de uma maneira ou de outra negar essa diferença, querer aboli-la.

Os argumentos "é contra a natureza" ou "é natural" são maus argumentos. Pois é da natureza do homem ter uma cultura, e a cultura é uma transformação da natureza. Mas até onde se pode ir na transformação da natureza sem desnaturar, sem destruir em vez de melhorar? O ser humano pode "ser dono e possuidor da natureza" sem levá-la em conta?

O argumento que consiste em só aceitar métodos naturais de contracepção é falacioso. O que hoje se sabe do ciclo da mulher, da temperatura retal ou do estado do muco durante esse ciclo decorre não de um instinto natural, mas dos conhecimentos científicos e técnicos adquiridos ao se manipular experimentalmente a natureza animal.

---

5 A redação deste livro estava acabada quando foi publicado o livro de Pierre Bourdieu, *La Domination masculine*, Paris, Seuil, 1998. Suas conclusões são complexas: "A divulgação da análise científica de uma forma de dominação tem necessariamente efeitos sociais mas que podem ser de sentidos opostos: ela pode ou reforçar simbolicamente a dominação [...], ou contribuir para neutralizá-la" (p. 121). Bourdieu reconhece que "o imenso trabalho crítico do movimento feminista" contribuiu para a mudança e sua análise dos fatores de mudança coincide em parte com a minha, em particular quanto ao papel da escola, mas seu ponto de vista é o de um sociólogo (pp. 95 *sq.*).

O argumento segundo o qual a homossexualidade seria contra a natureza não se sustenta mais. A homossexualidade está presente nos animais e em todas as sociedades humanas sob uma forma ou outra. Entretanto, ela não é exclusiva ou majoritária em nenhum animal e em nenhuma sociedade, pois faria com que esta desaparecesse.

Mas o que se faz quando se "muda de sexo", ou se tenta fazer com que um homem carregue um filho em seu peritônio?

Toda sociedade está confrontada com a diferença sexual. É verdade que ela a interpreta em sua definição do feminino e do masculino e impõe certas exigências que não podem ser recusadas. Mas também se pode dizer que ela a simboliza, que a torna negociável e estruturante. O reconhecimento da existência dos sexos e da procriação, da diferença entre os sexos e as gerações, aparece tão fundamental ao sociólogo e ao antropólogo quanto ao psicanalista. Ele organiza as relações de parentesco e lembra a cada um que ele se inscreve numa linhagem (em sistema cognático, numa *dupla* linhagem), porque não é possível auto-engendrar-se.

As leis não são naturais, mas culturais. As leis que regem o parentesco podem ser remanejadas e o foram, daí por que não se pode falar de *A Lei*, como às vezes se faz a respeito da proibição do incesto. Não existe definição universal do incesto, e tampouco existe sociedade em que certas alianças não sejam proibidas, o que é a vertente negativa da possibilidade positiva de que cada um encontre um cônjuge, se seguirmos Claude Lévi-Strauss.

Uma das questões na ordem do dia é saber se é possível aceitar que um filho seja um filho de dois pais sem mãe, ou de duas mães sem pai. Irène Théry[6], que encontrou muitos casais homossexuais por ocasião de um trabalho sobre a AIDS, é favorável a todas as medidas que permitam o apoio recíproco no seio desses casais; mas ela acha que o reconhecimento do acesso de um casal homossexual à parentalidade é um ataque aos fundamentos simbólicos da sociedade. Enquanto psiquiatra de crianças e psicanalista, situo-

[6] Irène Théry, *Le Contrat d'union sociale en question*, Paris, Notes de la Fondation Saint-Simon, outubro de 1997. Publicado igualmente em *Esprit*. Do mesmo autor: *Couple, filiation et parenté aujourd'hui: le droit face aux mutations de la famille et de la vie privée*, Paris, Odile Jacob, 1998.

me num outro nível. Não temos estudos válidos, de longa duração, dos efeitos produzidos por tais situações, mas temos a experiência dos efeitos nocivos da ausência de um dos dois pais na vida da criança; sabemos a importância de ter um pai e uma mãe. Existem crianças tão resilientes que se safarão numa situação de risco, e essa situação é uma situação de risco. Na homossexualidade há uma recusa da diferença dos sexos em todas as suas conseqüências. Há também uma necessidade de escoramento no outro do mesmo sexo, que aliás é diferente nos homens e nas mulheres, como são diferentes a identidade masculina e a identidade feminina; cada um se conforta em sua identidade ao partilhar gostos e atividades; nas mulheres, a troca de uma ternura de tipo materno domina, ao passo que nos homens é a confirmação da afirmação de si.

O ser humano atormentado por sua sexualidade

Se o instinto dos humanos lhes ditasse a conduta de maneira rigorosa, precisa e inelutável, eles não seriam tão atormentados pela sexualidade. Eles não trazem em si nenhuma norma inscrita e, no entanto, a necessidade de uma norma os torna vulneráveis aos *diktats* do *socius*. Nasce um conflito entre o prazer experimentado e a idéia de que esse prazer talvez não seja lícito, ou então é inferior ao dos outros, que é imaginado soberbo e sem falha.

É com chaves dadas pelo *socius* que a criança, o adolescente, o adulto decifram o que experimentam, o que se passa no corpo. Há o que é oficialmente transmitido pela cultura em seus textos fundadores da lei, do dogma religioso, da literatura. Há o que vem dos pais, do discurso e do comportamento que têm, das fantasias e dos afetos transmitidos à revelia. Há o que vem dos pares, onde o relato da experiência efetivamente vivida e as fantasias se intricam.

O que a cultura transmite mereceria ser chamado *a mentira da cultura.*

Ninguém observa ao pé da letra os interditos que nos são transmitidos, às vezes aprovamos a violação desses interditos, às vezes a reprovamos e a perseguimos. A fidelidade conjugal é prescrita, o casamento é um sacramento para a religião católica; os reis da França são católicos e suas aventuras sexuais são notórias, seus bastardos, criados junto com seus filhos legítimos; os amores múltiplos e mortíferos de Henrique VIII estão em parte na origem do anglicanismo. O celibato é imposto aos sacerdotes, mas nem sempre o foi, não o era durante o primeiro milênio. O papa, que supostamente não tem vida sexual e conjugal, rege por suas encíclicas a vida sexual e conjugal dos fiéis, que obedecem ou não. A moral é desacreditada pela hipocrisia, e ao mesmo tempo o indivíduo experimenta a necessidade de encontrar valores outros que os valores tradicionais ligados a uma religião, uma classe social, de resolver problemas novos ligados ao desenvolvimento científico e técnico; por isso é que se prefere com freqüência falar de "ética" mais que de moral; a ética é concebida como o produto de uma reflexão pessoal.

A masturbação foi objeto de uma reprovação religiosa, não criando talvez a culpa masturbatória, mas reforçando-a; se a culpa religiosa pega tão bem, é que o indivíduo tem uma inquietude desencadeada nele pelo que se passa fora de sua vontade, e de que ele não tem controle. A masturbação também foi objeto de uma condenação médica que culminou no grande medo do século XIX[7]. A masturbação, diziam, deixava louco, idiota, acarretava todas as espécies de doenças, etc. O próprio Freud, que achamos estar na origem de uma visão mais sã da masturbação, aprovava a mãe do pequeno Hans que reprimia a masturbação do filho e que assim cumpria "o papel que lhe estava prescrito pelo destino". Hoje, pensamos que a masturbação só é inquietante quando é compulsiva e pública, e nos inquietamos mais diante daquele que diz nunca se ter masturbado. A masturbação existe no animal e em todas as sociedades humanas[8].

Qual é a natureza do prazer sexual? Como sabemos o que um outro experimenta, se não for a partir do que ele conta? Uma vez que já é difícil imaginar o que experimenta um outro do mesmo sexo, embora ser do mesmo sexo seja uma fonte de facilitação e de segurança na homossexualidade, como imaginar o que experimenta o outro do outro sexo, ali onde falta o

[7] Jean Stengers, Anna Van Neck, *Histoire d'une grande peur: la masturbation*, Bruxelles, Éditions de l'Université de Bruxelles, 1984.

[8] *Cf.* Clellan S. Ford., Frank A. Beach, *Patterns of Sexual Behavior*, New York, Harper and Row, 1951.

suporte de seu próprio vivido corporal, apenas com uma possibilidade de empatia se não tivermos medo de nos identificar com o outro?

Essa interrogação é tal que muitos pacientes se declaram insatisfeitos, embora o que descrevam pareça uma sexualidade de natureza a contentar mais de um. Onde estão as normas de referência, quando se sabe que nos Estados Unidos um homem foi condenado antes da última guerra por perversão porque pedia à sua mulher três relações sexuais por semana? Uma de minhas pacientes me descrevia o orgasmo vaginal que ela experimentava, mas recusava considerar que era um orgasmo vaginal porque seu grupo de feministas havia declarado que o orgasmo vaginal não existia, que era uma invenção dos homens para inferiorizar as mulheres.

Para ficar satisfeito com o que se experimenta, é preciso todo um trabalho para ter confiança em si mesmo, estima de si, afirmação de si. Nos grupos de "terapias novas", diz-se aos participantes que eles terão cumprido um grande progresso quando forem capazes de responder aos que os interrogam sobre o que sentiram: "Senti exatamente o que eu devia sentir".

Se o que sentimos, independentemente das confrontações com outros, não parece satisfatório, entramos num sofrimento complicado; acusamos o outro de não ter feito o que era preciso, ou então nos acusamos depressivamente de não sermos capazes de chegar ao gozo. O fato de o tempo e as modalidades necessárias ao gozo diferirem nos dois sexos não resolve nada na sexualidade heterossexual.

A literatura ocupa um lugar à parte na mentira da cultura. A literatura romanesca é oriunda da imaginação do autor, de sua experiência por certo, de suas observações, mas também de seus sonhos, de distorções voluntárias ou involuntárias, defensivas. Ora, a literatura é a base de nossa educação sentimental, se lemos. E, ainda que a cultura minta, é melhor ler que estar entregue à bobagem dos "dizem que", é melhor fazer trabalhar a imaginação que ser atravessado pelo impulso para agir.

A literatura mente. Não desmaiamos por encomenda como as heroínas dos romances e não escapamos assim às contrariedades, temos de beber até a última gota na taça das decepções. Certo, a literatura também nos traz belos mitos. Mas é preciso ter claro na cabeça o que um mito significa.

Don Juan é maravilhoso, sobretudo com a música de Mozart. Quem não gosta de Don Juan, radioso, irresistível? Mas, quando se é vítima de um homem que corre de sedução em sedução e que só pensa em nos acrescentar ao *catalogo*, só resta então um bronco, um homem ordinariamente cruel que se defende do medo do amor e da intimidade através da mentira e da fuga.

O homem é polígamo, dissemos. Ele não é apenas polígamo, isto é, tendo necessidade de várias uniões. Ele precisa seduzir e verificar sem cessar que seu poder de sedução não diminuiu, como se fosse verificar sua integridade corporal e psíquica.

A mulher precisa desesperadamente ser amada, viver na segurança do amor, aninhada no regaço do homem (ele também tem um), protegida contra o que sente como sua fraqueza, recompensada com o que sente como seu devotamento cotidiano e seu dom profundo do interior de si mesma. A mulher, mais que o homem, faz o êxito de sua vida depender de seu êxito amoroso. Talvez seja um dos entraves que ela experimenta para ter sucesso em sua vida profissional.

Não existe amor feliz, casal feliz a não ser ao preço de um ajuste constante, de concessões que não devem ser sentidas como sacrifícios. Vale dizer que existem poucos casais felizes... Mas existem. Merece reflexão o fato de se falar disso tão pouco. Por que as produções artísticas nos apresentam por predileção o mal, a infelicidade? Para exorcizar o sofrimento? Por que a felicidade não se conquista por impregnação imaginária? A felicidade não é espetacular, ela é interna, íntima, e só irradia junto àqueles que estão atentos aos outros.

Esquecer o sexo

Insistimos no fato de que em cada instante de nossa vida somos um homem ou uma mulher, o que não quer dizer que a humanidade está dividida em duas metades. A humanidade é a um só tempo homem e mulher. Ela só se realiza plenamente em nós se formos capazes de entender por empatia o que vive o outro do outro sexo, de nos identificar com ele sem medo e sem inveja. A inveja pode se dissipar, contrariamente ao que disse Freud da inveja do pênis. Nenhum dos sexos ou gêneros é mais favorecido que o outro, são apenas duas maneiras de viver a condição humana num encaminhamento aliás próprio a cada indivíduo, disso podemos tomar consciência. A vida do outro só parece melhor vista de fora: projetamos sobre o outro a idéia de uma força invulnerável ao passo que sentimos nossa própria fragilidade. A humanidade só se realiza plenamente em nós pela bissexuação e pela bissexualidade psíquicas, a capacidade de viver de dentro por identificação o ser masculino e o ser feminino, o desejo masculino e o desejo feminino. Christian David sublinhou o papel da "mediação bissexual[9]".

Não somos sexuados em todos os nossos processos de pensamento. Quanto mais puramente cognitivos eles são, mais assexuados ou dessexualizados eles são. Sei bem que estudamos o funcionamento cerebral e que procuramos encontrar diferenças nas zonas ativadas, em particular na utilização dos hemisférios no homem e na mulher; não são diferenças em tudo ou nada, eu já disse isso. Mas, sobretudo, o resultado do pensamento é o mesmo: dois mais dois são quatro. Eu diria até que o objetivo do pensamento é ser dessexualizado. A ciência e as produções culturais são o culminar de uma sublimação, aquilo pelo qual Freud designa as pulsões inibidas quanto ao objetivo sexual. É mais do lado do sexo das emoções[10], dominadas pelo sistema dos hormônios e dos humores, que a dessexualização é menos evidente.

Se o desejo estiver permanente em latência, ele só explode conscientemente por momentos. Ficamos presos por numerosas ocupações, umas necessárias à sobrevivência (o trabalho, a preparação dos alimentos, etc), as outras sublimadas, que nos proporcionam prazer, alegria, felicidade. O ser humano não é efêmero, não morremos assim que nos acasalamos. Aqueles que não produziram filhos podem ter contribuído para outras produções sociais: Maurice Godelier insiste no fato de que os seres humanos não perpetuam a espécie humana, mas relações sociais. Os animais perpetuam sua espécie, o homem é um produto cultural e nunca puramente biológico. Isso poderia nos levar a exaltar as capacidades do ser humano; também é a fonte de todos os particularismos, do "narcisismo das pequenas diferenças" como dizia Freud, de todos os racismos em nome dos quais os homens se matam.

---

9 Christian David, "La bisexualité psychique. Eléments d'une réévaluation", in *Revue française de psychanalyse, 39*, 5-6, 1975, pp. 495-856.

10 Alain Braconnier, *Le Sexe des émotions*, Paris, Odile Jacob, 1996.

O desejo sexual nos habita constantemente em surdina, a pulsão exerce sua pressão em permanência, diz Freud. Ele também fala de coexcitação sexual ou libidinal, isto é, do fato de que uma excitação sexual acompanha toda excitação forte. Ele só fala disso nove vezes, e é no entanto uma noção que se revestiu de muita importância para certos psicanalistas franceses[11].

O sexo é o primeiro motor, ele está na origem do nascimento de um novo ser humano e gostamos de nos pensar como o fruto do amor, do encontro de dois seres humanos mais que de duas células. A assistência médica à procriação pode suprimir a relação sexual e reduzir o fato sexual ao encontro de duas células sexuais, o que desaparece com a clonagem...

Não há só o sexo, mas o sexo conduz o mundo. Nas diversas obras da cultura, o sexo só é esquecido em aparência. O desejo sexual põe nossa energia a serviço de objetivos não sexuais. Diante de Tânatos (as forças de destruição), Eros, Philia e Ágape são toda a nossa esperança, o que vai ao encontro da conclusão de Freud em *Mal-estar na civilização*, antes da Segunda Guerra Mundial, do universo concentracionário, da bomba atômica: "E agora, é possível esperar que o outro dos dois 'poderes celestes', o Eros eterno, tente um esforço a fim de se afirmar na luta que ele trava contra seu adversário não menos imortal".

---

[11] Denise Braunschweig, Michel Fain, *Eros et Anteros*, Paris, PUF, 1971, Catherine Parat, *L'Affect partagé*, Paris, PUF, 1995.

Bibliografia

ADLER L., *La Vie quotidienne dans les maisons closes, 1830-1930*, Paris, Hachette, 1990.

ALAIN (1934), "Les dieux", in *Les Arts et les dieux*, Paris, Gallimard, coll. "Bibliothèque de la Pléiade", 1958.

ARNAUD-DUC N., "Les contradictions du droit", *in* Duby G. e Perrot (éds.), *Histoire des femmes*, t. IV, Fraisse G. e Perrot M. (éds.), *Le XIX siècle*, Paris, Plon, 1991, pp. 87-116.

BALIER C., *Psychanalyse des comportements violents*, Paris, PUF, 1988.

BALIER C., *Psychanalyse des comportements sexuels violents. Une pathologie de l'inachèvement*, Paris, PUF, 1996.

BALIER C. (éd.), com CIAVALDINI A. e GIRARD-KHAYAT M., *Rapport de recherche sur les agresseurs sexuels*, Paris, Direction générale de la santé, 1997.

BARRY K., *The Prostitution of Sexuality*, New York, New York University Press, 1995.

BAUDELOT C., ESTABLET R., *Allez les filles!*, Paris, Seuil, 1992.

BEAUVOIR S., de, *Le Deuxième Sexe*, Paris, Gallimard, 1949.

BELAÏSCH J., KERVASDOUÉ A. de, *Questions d'hommes*, Paris, Odile Jacob, 1996.

BEN JELLOUN T., *L'Enfant de sable*, Paris, Seuil, 1985.

BEN JELLOUN T., *La Nuit sacrée*, Paris, Seuil, 1987.

BOURDIEU P., *La Domination masculine*, Paris, Seuil, 1998.

Bowlby J. (1969-1980), *Attachment and Loss*, The Tavistock Institute of Human Relations: vol. 1, *Attachment,* New York, Basic Books, 1969; vol. 2, *Separation: Anxiety and Anger*, New York, Basic Books, 1973; vol. 3, *Loss: Sadness and Depression*, Londres, The Hogarth Press, 1980. *Attachement et perte*; vol. 1, *L'Attachement*, trad. fr. por J. Kalmanovitch, Paris, PUF, 1978; vol. 2, *La Séparation: Angoisse et colère*, trad. fr. por B. de Panafieu, Paris, PUF, 1978; vol. 3, *La Perte: Tristesse et dépression*, trad. fr. por D. E. Weil, Paris, PUF, 1984.

Braconnier A., *Le Sexe des émotions*, Paris, Odile Jacob, 1996.

Braunschweig D., Fain M., *Éros et Antéros*, Paris, PUF, 1971.

Brisson L., *Le Sexe incertain. Androgynes, hermaphrodites et métamorphoses dans l'Antiquité*, Paris, Les Belles Lettres, 1997.

Bullough V. L., com a assistência de Bullough B., *The Subordinate Sex. A History of Attitudes toward Women*, Urbana, III., University of Illinois Press, 1973.

Bullough V. L., *Homosexuality: A History, From Ancient Greece to Gay Liberation*, New York, Meridian, 1979.

Carl D., *Counselling Same-Sex Couples*, New York, W. W. Norton, 1990, *Aider les couples de même sexe*, tr. fr. por B. Candessus, Paris, ESF, 1993.

Chasseguet-Smirgel J., *Éthique et esthétique de la perversion*, Seyssel, Éditions du Champ-Vallon, 1984.

Chiland C., *Homo psychanalyticus*, Paris, PUF, 1990.

Chouraqui A., *L'Univers de la Bible*, Paris, Éditions Lidis, 1992.

Cohn-Bendit D., *Une envie de politique*, Entrevistas com Lucas Delattre e Guy Herlich, Paris, La Découverte/*Le Monde*, 1998.

Comte-Sponville A., Ferry L., *La Sagesse des modernes. Dix questions pour notre temps*, Paris, Robert Laffont, 1998.

Conselho da Europa, *Transsexualisme, médecine et droit*, Actes, XXIIIe Colloque de droit européen, Vrije Universiteit Amsterdam (Países Baixos), 14-16 de abril de 1993, Strasbourg, Éditions du Conseil de l'Europe, 1995.

Corbett G., *Gender*, Cambridge Textbooks in Linguistics, Cambridge, Reino Unido, Cambridge University Press 1981.

Corbin A., *Les Filles de noce*, Paris, Aubier-Montaigne, 1978. Poche, Paris, Flammarion, 1982.

CRAMER E., MCFARLANE J., "Pornography and abuse of women", in *Public Health Nursing*, 11, 4, 1994, pp. 268-272.

DAVID C., "La bisexualité psychique. Éléments d'une réévaluation", in *Revue française de psychanalyse, 39*, 1975, 5-6, pp. 495-856.

DELEUSE G., *Présentation de Sacher-Masoch*, com o texto integral de *La Vénus à la fourrure*, trad. do alemão por A. Willm, Paris, Les Éditions de Minuit, 1967.

DEUTSCH H. (1945), *The Psychology of Women. A psichoanalytic interpretation*, New York, Grune and Stratton, 7th ed. *La Psychologie des femmes*, trad. fr. por H. Benoît, Paris, PUF, t. I, *Enfance et adolescence*, 1949, t. II, *Maternité*, 1962.

DIAMOND M., DANNEMILLER J. E., "Pornography and community standards in Hawaii: comparison with other states", in *Archives of Sexual Behavior, 18*, 6, 1989, pp. 475-495.

DUBY G., PERROT M. (éds), *Histoire des femmes*, 5 tomes, Paris, Plon, 1991.

DUMAS D., *La Sexualité masculine*, Paris, Albin Michel, Livre de poche, 1990.

DURKHEIM E., "La prohibition de l'inceste et ses origines", in *L'Année sociologique, 1*, 1, 1897, pp. 1-70.

Editors of the Harvard Law Review, *Sexual Orientation and the Law*, Cambridge, Massachusetts e Londres, Inglaterra, Harvard University Press, 1990.

EVANS-PRITCHARD E. E., *The Position of Women in Primitive Societies and Other Essays in Social Anthropology*, Londres, Faber and Faber, 1965. *La Femme dans les sociétés primitives et autres essais d'anthropologie*, trad. do inglês por Anne e Claude Rivière, Paris, PUF, 1971.

EVANS-PRITCHARD E. E., "Sexual Inversion Among the Azande", in *American Anthropologist, 72*, 6 de dezembro de 1990, pp. 1428-1334.

FINE A., LE GUEN A., OPPENHEIMER A. (éds), *Les Troubles de la sexualité*, Monographies de la *Revue française de psychanalyse*, Paris, PUF, 1993.

FORD C. S., BEACH F. A., *Patterns of Sexual Behavior*, New York, Harper and Row, 1951.

FOUCAULT M., *Histoire de la sexualité*, t. I, *La Volonté de savoir*, Paris, Gallimard, 1976; t. II, *L'Usage des plaisirs*, Paris, Gallimard, 1984; t. III, *Le Souce de soi*, Paris, Gallimard, 1984.

Foucault M. (apresentado por), *Herculine Barbin chamada Alexina B.*, Paris, Gallimard, 1978.

Freud A., Dann S., "An experiment in group upbringing", in *The Psychoanalytic Study of the Child, 6*, 1951, pp. 127-168.

Freud S. (1899-1900), *L'Interprétation des rêves*, trad. do alemão por D. Berger, Paris, PUF, 1967; *Die Traumdeutung, GW, 2/2; SE, 4, 5.*

Freud S. (1905), *Trois Essais sur la théorie sexuelle*, nova trad. fr. por P. Koeppel, Paris, Gallimard, 1987; *GW, 5*, pp. 29-145; *SE, 7*, pp. 125-245.

Freud S. (1908), "La morale civilisée et la maladie nerveuse des temps modernes", trad. do alemão por D. Berger in *La Vie sexuelle*, Paris, PUF, 1969, pp. 28-46; *GW, 7*, pp. 143-167; *SE, 9*, pp. 179-204.

Freud S. (1909), "Analyse d'une phobie chez un petit garçon de cinq ans (Le petit Hans)", *Cinq psychanalyses*, trad. do alemão por M. Bonaparte e R. Lœwenstein, Paris, PUF, 1954; *GW, 7*, pp. 241-377; *SE, 10*, pp. 3-143.

Freud S. (1910), "De la psychanalyse." Cinco aulas dadas para a celebração do vigésimo aniversário da fundação da Clark University de Worcester, Massachusetts, setembro de 1909, trad. fr. por R. Lainé, J. Stute-Cadiot, *OCF. P 10*, pp. 1-55. *GW*, 8, pp. 3-60. *SE*, 11, pp. 7-55.

Freud S. (1910), "Contributions à la psychanalyse de la vie amoureuse. I. Un type particulier de choix d'objet chez l'homme", in *La Vie sexuelle*, trad. fr. por J. Laplanche, Paris, PUF, 1969, pp. 47-55. *GW, 8*, pp. 65-75. *SE, 11*, pp. 165-175.

Freud S. (1912), "Contributions à la psychologie de la vie amoureuse. II. Sur le plus général des rabaissements de la vie amoureuse", in *La Vie sexuelle*, trad. fr. por J. Laplanche, Paris, PUF, 1969, pp. 55-65. *GW, 8*, pp. 78-91. *SE, 11*, pp. 179-190.

Freud S. (1914), "Pour introduire le narcissisme", in *La Vie sexuelle*, Paris, PUF, 1969, pp. 81-105; *GW, 10*, pp. 44-113; *SE, 14*, 67-102.

Freud S. (1916-1917), *Introduction à la psychanalyse*, trd. do alemão por SD. Jankélévitch, Paris, Payot; *GW, 11*; *SE, 15 , 16.*

Freud S. (1919), "Un enfant est battu", trad. do alemão por D. Guérineau, *Névrose, psychose, perversion*, Paris, PUF, 1973, pp. 213-243; *GW, 12*, pp. 197-226; *SE, 17*, 177-204; *On Freud's "A child Is Being Beaten"*, publicado graças aos cuidados das E. S. Person, New Haven e Londres, Yale University Press, 1997. Com contribuições de Jack Novick e Kerry Kelly Novick, Patrick Joseph Mahony, Arnold H. Modelle, Leonard Shengold, Marcio de F. Giovanetti, Jean-Michel Quinodoz, Isidoro Berenstein, Rivka R. Eifermann, Marcelo N. Viñar.

FREUD S. (1921), "Psychologie collective et analyse du moi", in *Essais de psychanalyse*, trad. do alemão por S. Jankélévitch, Paris, Payot, 1951; *GW, 13*, pp. 98-99; *SE, 18*, pp. 90-91.

FREUD S. (1924), "Le problème economique du masochisme", trad. do alemão por J. Laplanche, *Névrose, psychose, perversion*, Paris, PUF, 1973, pp. 287-297; *GW, 13*, pp. 369-383; *SE, 19*, pp. 155-170.

FREUD S. (1938), *Abrégé de psychanalyse*, trad. do alemão por A. Berman, Paris, PUF, 1964; *GW, 17*; *SE, 23*, pp. 141-207.

FRIDELL S. R., ZUCKER K. J., BRADLEY S. J., MAING DIANNE M., "Physical attractiveness of girls with gender identity disorder", in *Archives of Sexual Behavior, 25*, 1, 1996, pp. 17-31.

FUKUI A., WESTMORE B., "to see or no to see: the debate over pornography and its relationship to sexual agression", in *Australian and New Zealand Journal of Psychiatry, 28*, 4, 1994, pp. 600-606.

GODELIER M., *La Production des Grands Hommes. Pouvoir et domination masculine chez les Baruya de Nouvelle-Guinée*, Paris, Fayard, 1982.

GODELIER M., HASSOUN J., *Meurtre du père, Sacrifice de la sexualité. Approches anthropologiques et psychanalytiques*, Strasbourg e Paris, Arcanes, 1996.

GREEN A., *Les Chaînes d'Eros*, Paris, Odile Jacob, 1997.

GREENSON R. R., "Dis-identifying from mother: its special importance for the boy", in *International Journal of Psycho-Analysis, 49*, 1968, pp. 370-374.

GRIMAL P. (1951), *Dictionnaire de la mythologie grecque et romaine*, Paris, PUF, 4e éd. 1969.

GROULT B. com a intervenção de SAVIGNEAU J., *Histoire d'une évasion*, Paris, Grasset, 1997.

HABIB C., *Pensées sur la prostitution*, Paris, Berlim, 1994.

HALLEY J. E., "The politics of the closet: towards equal protection for gay, lesbian, and bisexual identity", in *UCLA Law Review, 36*, 5, 1989, pp. 915-976.

Halley J. E., "Sexual orientation and the politics of biology: a critique of the argument from immutability", *Stanford Law Review, 46,* 3, fevereiro de 1994, pp. 503-568.

Harlow H. (1971), *Learning to love,* New York, Ballantine Books, 1973.

Herdt G., *The Sambia: Ritual and Gender in New Guinea,* New York, Holt, Rinehart and Winston, 1987.

Héritier f., *Les Deux Sœurs et leur mère. Anthropologie de l'inceste,* Paris, Odile Jacob, 1994.

Héritier F., Cyrulnik B., Naouri A., Vrignaud d., Xanthakou M., *De l'inceste,* Paris, Odile Jacob, 1994.

Héritier F., *Masculin/Féminin. La pensée de la différence,* Paris, Odile Jacob, 1996.

Hermann K., Rieck H. (testemunhos recolhidos por), *Christiane F., Wir Kinder vom Bahnhof Zoo,* Hamburg, Stern-Magazin im Verlag Gruner + Jahr AG & Co., 1978. *Moi Christiane F., 13 ans, droguée, prostituée...,* prefácio de Horst-Eberhard Richter, trad. fr. por L. Marcou, Paris, Mercure de France, 1981, Folio, 1982.

Héroard J., trechos do *Journal, Nouvelle Revue de Psychanalyse,* primavera de 1979; nº 19: "L'enfant", pp. 281-320, com um comentário de Michèle David, pp. 321-330.

Heusch L. de (1990), "Les vicissitudes de la notion d'interdit", *in* J.-D. de Lannoy e P. Feyereisen (éds), *L'Inceste, un siècle d'interprétations,* Paris e Lausanne, Delachaux e Niestlé, 1996.

Howitt D. (1995), "Pornography and the paedophile: is it criminogenic", *British Journal of Médical Psychology, 68,* 1, pp. 15-27.

Hurtig M.-C, Pichevin M.-F. (textos escolhidos e apresentados por), *La Différence des sexes. Questions de psychologie,* Paris, Éditions Tierce, 1986.

Kernberg O. F., *Love Relations: Normality and Pathology,* New Haven, Yale University Press, 1995.

Kessel J., *Belle de jour,* Paris, Gallimard, 1928.

Lannoy J.-D. de, Feyereisen P. (éds), *L'Inceste, un siècle d'interprétations,* Paris e Lausanne, Delachaux e Niestlé, 1996.

LANTERI-LAURA G., *Lecture des perversions: Histoire de leur appropriation médicale*, Paris, Masson, 1978.

LANZMANN J., *Le Têtard*, Paris, Laffont, 1976.

LAPLANCHE J., *Le Fourvoiement biologisant de la sexualité chez Freud*, Paris, Synthélabo, Les empêcheurs de penser en rond, 1993.

LAUFER M., LAUFER E., *Adolescence and Developmental Breakdown. A Psychoanalytic View*, New Haven e Londres, Yale University Press, 1984. *Adolescence et rupture du développement, Une perspective psychanalytique*, trad. fr. por M. Gibeault, Paris, PUF, 1989.

LEGARDINIER C., *La Prostitution,* Toulouse, Milan, coll. "Les essentiels", 1997.

LELY G., *La Vie du marquis de Sade*, nova edição revista muito aumentada, Paris, J.-J. Pauvert e Garnier, 1982.

LENOIR F., MASQUELIER Y. T., *Encyclopédie des religions*, Paris, Bayard, 2 tomos, 1997.

Levay S., *The sexual Brain*, Cambridge, Massachusetts Institute of Technology, 1993. *Le Cerveau a-t-il un sexe?*, trad. fr. por M. Robert, Paris, Flammarion, 1994.

LEVAY S., HAMER D., "Pour une composante biologique de l'homosexualité", *Pour la Science,* 201, 1994, pp. 30-35.

LÉVI-STRAUSS C., *Les Structures élémentaires de la parenté*, Paris, PUF, 1949, 2e édition, Paris, Mouton & Co e Maison des Sciences de l'Homme, 1957.

LORENZ K., *Er redete mit dem Vieh, den Vogeln und den Fischen*, Verlag Dr. G. Borotha-Schoeler. *Il parlait avec les mammifères, les poissons, les oiseaux*, trad. do alemão por Denise van Moppès, Paris, Flammarion, 1968.

MACCOBY E. E., JACKLIN C. N., *The Psychology of Sex Differences*, Stanford, Stanford University Press, 1974.

MACCOBY E. E., "Gender and relationships, a developmental account", in *American Psychologist, 45,* 4, abril de 1990, pp. 513-520.

MANASSEIN M. de (éd.), *De l'égalité entre les sexes*, Paris, Centre national de documentation pédagogique, 1995.

MATHIEU N. C., (éd.), *L'arraisonnement des femmes*, Paris, Éditions de l'École des hautes études en sciences sociales, 1985.

McCormack T., "The censorship of pornografy: catharsis or learning?" in *American Journal of Orthopsychiatry, 58*, 4, 1988, pp. 492-504.

McDougall J., "L'addiction à l'autre: réflexion sur les néo-sexualités et la sexualité addictive", *in* A. Fine, A. Le guen, A. Oppenheimer (éds), *Les Troubles de la sexualité*, Monografias da *Revue française de psychanalyse*, Paris, PUF, 1993, pp. 139-157.

McDougall J., *Éros aux mille et un visages*, Paris, Gallimard, 1996.

Mead M., *Male and Female, a study of sexes in a changing world*, New York, William Morrow and Co, 1948, *L'Un et l'autre sexe*, trad. fr. por C. Ancelot e H. Étienne, Paris, Denoël/Gonthier, 1966.

Moberly E. R., *Homosexuality: a New Christian Ethic*, Cambridge, Grã-Bretanha, J. Clarke, 1983.

Money J., Hampson J. G., Hampson J. L., "Imprinting and the establishment of gender role", in *A.M.A. Archives of Neurology and Psychiatry, 77*, 1957, pp. 333-336.

Money J., *Lovemaps. Clinical Concepts of Sexual/Erotic Health and Pathology, Paraphilia, and Gender Transposition in Childhood, Adolescence and Maturity*, New York, Invington, 1986.

Money J., "The ethics of pornography in the era of AIDS", in *Journal of Sex and Marital Therapy, 14*, 3, 1988, pp. 177-183.

Mouvement du Nid, *Prostitution et Société: Cent questions pour comprendre*, Paris, Mouvement du Nid, in *Femmes et mondes*, nº 79, outubro de 1987.

Nguyên Du (xixe siècle), *Kim Vân Kiêu*, trad. fr. por Xuân-Phuc e Xuân-Viet, Paris, Gallimard / Unesco, Connaissance de l'Orient, 1961.

Nygren a. (1930), *Éros et Agapè, La Notion chrétienne de l'amour et ses transformations*, trad. fr. por P. Jundt, Paris, Éditions Montaigne, 1944.

O'donohue W., Caselles C. E., "Homophobia: conceptual, definitional, and value issues", in *Journal of Psychopathology and Behavioral Assessment, 15*, 3, 1993, pp. 177-195.

Parat C., *L'Affect partagé*, Paris, PUF, 1995.

Person E. S., *Love and Fateful Encounters*, New York, London, Bloomsbury, Norton & Company, 1989.

Pheterson G. (éd.), *A vindication of the Rights of Whores*, Seattle, The Seal Press, 1989.

Pheterson G., *The Prostitution Prism*, Amsterdam, Amsterdam University Press, 1996.

Réage P. (Dominique Aury) (1954-1972), *Histoire d'O*, edição integral revista pelo autor, precedida de *Le Bonheur dans l'esclavage* por Jean Paulhan, Paris, Jean-Jacques Pauvert. Livre de poche, 1997.

Reiter L., "Developmental origins of antihomosexual prejudice in heterosexual men and women", in *Clinical Social Work Journal, 19*, 2, 1991, pp. 113-175.

Roiphe H., Galenson E., *Infantile Origins of Sexual Identity*, New York, International Universities Press, 1981. *La Naissance de l'identité sexuelle*, trad. fr. por M. Pollak-Cornillot, Paris, PUF, 1987.

Sade D.-A.-F., marquês de (1785), *Les 120 journées de Sodome, ou l'école du libertinage*, Paris, 10/18, 1998.

Schaeffer J., *Le Refus du féminin*, Paris, PUF, 1997.

Sergent b., *Homosexualité et initiation chez les peuples indo-européens*, Paris, Payot & Rivages, 1996. (Esta obra reúne num único volume dois textos: *L'Homosexualité dans la mythologie grecque*, 1984, Payot, e *L'Homosexualité initiatique dans l'Europe ancienne*, 1986, Payot).

Silburn L. (éd.), *Aux sources du bouddhisme*, Paris, Fayard, 1997.

Spira A., Bajos N. e o grupo ACSF, *Les Comportements sexuels en France*, Paris, La Documentation française, 1993.

Stengers J., Van Neck A., *Histoire d'une grande peur: la masturbation*, Bruxelles, Éditions de l'Université de Bruxelles, 1984.

Stoller R. J., *Sex and Gender*, vol. 1, New York, Science House, 1968, *Recherches sur l'identité sexuelle*, trad. do inglês por M. Novodorsqui, Paris, Gallimard, 1978.

Stoller R. J., "Pornography and Perversion", in *Archives of General Psychiatry, 22*, 1970, pp. 490-499.

Stoller R. J., *Perversion. The Erotic Form of Hatred*, New York, Pantheon, 1975. *La Perversion. Forme érotique de la haine*, trad. fr. por Hélène Couturier, Paris, Payot, 1978.

Stoller R. J., *Sexual Excitement: Dynamics of Erotic Life,* New York, Pantheon, 1979. *L'Excitation sexuelle: Dynamique de la vie érotique*, trad. fr. por H. Couturier, Paris, Payot, 1984.

Stoller R. J., *Observing the Erotic Imagination*, New Haven e Londres, Yale University Press, 1985. *L'Imagination érotique telle qu'on l'observe*, trad. fr. por C. Chiland e Y. Noizet, Paris, PUF, 1989.

Stoller R. J., Herdt G. H., *Intimate Communications. Erotics and the Study of Culture*, New York, Oxford, Columbia University Press, 1990.

Stoller R. J., *Pain & Passion, A Psychoanalyst Explores the World of S&M,* New York e Londres, Plenum Press, 1991.

Stoller r. J., *Porn, Myths for the Twentieth Century*, New Haven e Londres, Yale University Press, 1991.

Stoller R. J., Levine I. S., *Coming Attractions: The Making of an X-rated Video*, New Haven, Yale University Press, 1993.

Tap P., *Masculin et féminin chez l'enfant*, Toulouse, Privat e Saint-Hyacinthe, Québec, Edisem, 1985.

Théry I., *Le contrat d'union social en question*, Paris, Notas da Fundação Saint-Simon, outubro de 1997. Publicado igualmente em *Esprit*, 1997.

Théry I., *Couple, filiation et parenté aujourd'hui: le droit face aux mutations de la famille et de la vie privée*, Paris, Odile Jacob, 1998.

Tripp C. A., *The Homosexuality Matrix*, New York, McGraw-Hill, 1975.

Vercors G., *Les Animaux dénaturés*, Paris, Albin Michel, 1952.

Vincent G., Le corps et l'énigme sexuelle", *in* P. Ariès e G. Duby, *Histoire de la vie privée*, t. V, *De la Première Guerre mondiale à nos jours*, 1987, pp. 307-389.

Vincent J.-D., *La Chair et le diable*, Paris, Odile Jacob, 1996.

Welldon E. V., *Mother, Madonna, Whore. The Idealization and Denigration of Motherhood*, New York, Londres, Guilford Press, 1988, 1992.

Welzer-Lang D., Barbosa O., Mathieu L., *Prostitution: les uns, les unes et les autres*, Paris, Métailié, 1994.

Zavitzianos G., "The perversion of fetishism in women", in *Psychoanalytic Quarterly, 51*, 1982, pp. 405-425.

Zhou J.-N., Hofman M. A., Gooren L. J. G., Swaab D. F., "A sex difference in the human brain and its relation to transsexuality", in *Nature, 377*, nº 6552, 1995, pp. 68-70.

Zucker K. J., Wild J., Bradley S. J., Mowry C. B., "Physical attractiveness of boys with gender identity disorder", in *Archives of Sexual Behavior, 22,* 1, 1993, pp. 23-36.

Companhia de Freud editora

OBRAS PUBLICADAS

Psicanálise e Tempo
Erik Porge

Psicanálise e Análise do Discurso
Nina Leite

Letra a Letra
Jean Allouch

Mal-Estar na Procriação
Marie-Magdeleine Chatel

Marguerite ou "A Aimée" de Lacan
Jean Allouch

Revista Internacional nº 1
A Clínica Lacaniana

A Criança na Clínica Psicanalítica
Angela Vorcaro

A Feminilidade Velada
Philippe Julien

O Discurso Melancólico
Marie-Claude Lambotte

A Etificação da Psicanálise
Jean Allouch

Roubo de Idéias?
Erik Porge

Os Nomes do Pai em Jacques Lacan
Erik Porge

Revista Internacional nº 2
A Histeria

Anorexia Mental, Ascese, Mística
Éric Bidaud

Hitler – A Tirania e a Psicanálise
Jean-Gérard Bursztein

Littoral
A Criança e o Psicanalista

O Amor ao Avesso
Gérard Pommier

Paixões do Ser
Sandra Dias

A Ficção do Si Mesmo
Ana Maria Medeiros da Costa

As Construções do Universal
Monique David-Ménard

Littoral
Luto de Criança

Trata-se uma Criança – Tomos I e II
Congresso Internacional de Psicanálise e suas Conexões – Vários

O Adolescente e o Psicanalista
Jean-Jacques Rassial

— Alô, Lacan?
— É claro que não.
Jean Allouch

A Crise de Adolescência
Octave Mannoni e outros

O Adolescente na Psicanálise
Raymond Cahn

A Morte e o Imaginário na Adolescência
Silvia Tubert

Invocações
Alain Didier-Weill

Um Percurso em Psicanálise com Lacan
Taciana de Melo Mafra

A Fantasia da Eleição Divina
Sergio Becker

Lacan e o Espelho Sofiânico de Boehme
Dany-Robert Dufour

O Adolescente e a Modernidade – Tomos I, II e III
Congresso Internacional de Psicanálise e suas Conexões – Vários

A Hora do Chá na Casa dos Pendlebury
Alain Didier-Weill

W. R. Bion – Novas Leituras
Arnaldo Chuster

Crianças na Psicanálise
Angela Vorcaro

O Sorriso da Gioconda
Catherine Mathelin

As Psicoses
Philippe Julien

O Olhar e a Voz
Paul-Laurent Assoun

Um Jeito de Poeta
Luís Mauro Caetano da Rosa

Estética da Melancolia
Marie-Claude Lambotte

O Desejo do Psicanalista
Diana S. Rabinovich

Os Mistérios da Trindade
Dany-Robert Dufour

A Equação do Sonhos
Gisèle Chaboudez

Abandonarás teu Pai e tua Mãe
Philippe Julien

A Estrutura na Obra Lacaniana
Taciana de Melo Mafra

Elissa Rhaís
Paul Tabet

Ciúmes
Denise Lachaud

Trilhamentos do Feminino
Jerzuí Tomaz

Gostar de Mulheres
Autores diversos

Os Errantes da Carne
Jean-Pierre Winter

As Intervenções do Analista
Isidoro Vegh

Adolescência e Psicose
Edson Saggese

O Sujeito em Estado Limite
Jean-Jacques Rassial

O que Acontece no Ato Analítico?
Roberto Harari

A Clínica da Identificação
Clara Cruglak

A Escritura Psicótica
Marcelo Muniz Freire

Os Discursos e a Cura
Isidoro Vegh

Procuro o Homem da Minha Vida
Daniela Di Segni

A Criança Adotiva
Nazir Hamad

Littoral
O Pai

O Transexualismo
Henry Frignet

Psicose, Perversão, Neurose
Philippe Julien

Como se Chama James Joyce?
Roberto Harari

A Psicanálise: dos Princípios
Ético-estéticos à Clinica
W.R. Bion – Novas Leituras
Arnaldo ChusterO

O Significante, a Letra e o Objeto
Charles Melman

O Complexo de Jocasta
Marie-Christine Laznik

O Homem sem Gravidade
Charles Melman

O Desejo da Escrita em Ítalo Calvino
Rita de Cássia Maia e Silva Costa

O Dia em que Lacan me Adotou
Gérard Haddad

Mulheres de 50
Daniela Di Segni e Hilda V. Levy

A Transferência
Taciana de Melo Mafra

Clínica da Pulsão
Diana S. Rabinovich

Os Discursos na Psicanálise
Aurélio Souza

Littoral
O conhecimento paranóico

Revista Dizer - 14
A medicalização da dor

Neurose Obsessiva
Charles Melman

A Erótica do Luto
Jean Allouch

Um Mundo sem Limite
Jean-Pierre Lebrun

Comer o Livro
Gérard Haddad

Do Pai à Letra
Hector Yankelevich

A Experiência da Análise
Norberto Ferreyra

A Fadiga Crônica
Pura H. Cancina

O Desejo Contrariado
Robert Lévy

Gide-Genet-Mishima
Catherine Millot

O Sexo Conduz o Mundo
Colette Chiland

A Dependência Química
na Adolescência
Hélcio Mattos

Psicanálise de Crianças Separadas
Jenny Aubry

A SEREM EDITADOS

Os Nomes Indistintos
Jean-Claude Milner

O Caminhante Analítico
Victor Smirnof

Um Homem de Palavra
Nazir Hamad

Figuras do Real
Ginette Michaud

Do Amor do Outro ao Amor de Si
Patrick Delarache

A Topologia de Lacan
Jean-Paul Gilson

O Conhecimento Paranóico
Revista Litoral

Letra e Pulsão de Morte
Andre Green

A Arte de Reduzir as Cabeças
Dany-Robert Dufour

Enigma do Incesto
Laure Rozen

O Inferno do Dever
Denise Lachaud

A Quarta Mulher
Paul Tabet

Lacaniana
Moustapha Safouan

Dez Conferências de Psicanálise
Moustapha Safouan

Estados de Abandono
Jacques André

Transferência e Estados Limites
Jacques André

Da Paixão
Jacques André

De Poetas, Crianças e Criminalidades
a Propósito de Jean Genet
Isidoro Vegh

O Próximo
Isidoro Vegh

Para uma Clínica do Real
Isidoro Vegh

A Significação do Falo
Diana Rabinovich

A Angústia e o Desejo do Outro
Diana Rabinovich

O Fracasso do Fantasma
Silvia Antigo

A Ambivalência Materna
Michele Benhaím

O Dicionário da Sexualidade Humana
Philippe Brenot

A Sombra do Teu Cão
Discurso Psicanalítico e discurso Lésbico
Jean Allouch

A Anatomia da Terceira Pessoa
Guy Le Gaufey

A Criança no Espelho
Émily Jalley

O Livro das Separações
Emílio Rodrigué

Quartier Lacan
Alain Didier-Weill

Brincar é Coisa Séria
Clemencia Baraldi

O Sujeito Freudiano e Pulsionalidade
Bernard Penot

IMPRESSÃO

GRÁFICA MARQUES SARAIVA
Rua Santos Rodrigues, 240 - Estácio / RJ
Telefax: (21) 2502-9498